U0535059

张源　主编

白璧德文集

第 7 卷

法句经

译自巴利文并附论文《佛陀与西方》

聂渡洛　黄东田　译

商务印书馆
创于1897　The Commercial Press

Irving Babbitt
THE DHAMMAPADA
Translated from the Pāli with an Essay on Buddha and the Occident
1936 by Oxford University Press
据纽约新导向（New York New Directions）1965年版（原牛津大学出版社 1936年版）译出

《白璧德文集》总序

“新文化运动”后期，美国哈佛大学教授欧文·白璧德(Irving Babbitt, 1865—1933)的人文主义学说通过吴宓、胡先骕、梅光迪、徐震堮、张荫麟、梁实秋等学人的译介与阐释进入中国，与其他西方观念和思潮一同参与推进了中国的现代转型，在中国现代思想史上留下了不可磨灭的印记。

与世界思想潮流相应，现代中国也出现了“保守”“自由”“激进”等不同思想支流，且其中某些成分可找到远在西方的源头，如胡适等“自由派”，即中国“新文化派”右翼，吸收了其美国导师杜威(John Dewey, 1859—1952)的实用主义；李大钊、陈独秀等“激进派”，即“新文化派”左翼，则选择了马克思主义。此外还有以吴宓为代表的“学衡派”等“保守主义者”，即“新文化运动”的“反对派”，继承了其美国导师白璧德的人文主义。中国现代思想史上“自由”“激进”“保守”的三重变奏，实为思想界、知识界的先行者与爱国者汲引不同西方思想体系，就中国现实而提出的同一个问题——中国的现代转型问题，所给出的不同的乃至对立的解决方案，这在今天已成为学界共识。不过，“激进”“自由”“保守”三分法，仅是宏观审视现代世界思想格局的大致框架，未可视为壁垒分明的固定阵营。

比如,作为现代中国自由主义及保守主义思潮来源地之一的美国,本身并不存在欧洲意义上的保守主义传统。自由主义作为美国社会的主流意识形态,自始至终占据着绝对的统治地位。如果一定要讨论美国的"保守主义",首先要明确,这并非一套固定不变的政治原则与意识形态,而更多地关系到人群的态度、情感与倾向,代表了人们维持现状的愿望与"保守"既定习惯、秩序与价值的心态。在美国这片土地上,人们要"保守"的正是自由主义的基本信念与价值,从而美国"保守主义"的核心实为自由主义。这两种"主义"就这样在美国发生了奇特的错位现象:"保守主义"的核心理念反倒是"自由",意图"保守"的是古典自由主义的基本信念,而"自由主义"的核心理念则是"平等",此即美国自由主义思想体系中较为"激进"的一个分支——"新自由主义"(new liberalism)的根本信仰。

20世纪早期的美国正处于"进步时代"(the progressive era, 1904—1917),针对19世纪后期经济飞速发展引发的各种问题,全社会展开了一场规模宏大的改革运动,社会思潮由此在整体上呈现出"激进"的品格。实用主义者杜威所倡导的以"民主教育"(democratic education)为核心的"进步教育"(progressive education)便是上述进步改革中的重要内容。这一教育理念吸引了诸多知识分子,如哈佛大学校长艾略特(Charles W. Eliot, 1834—1926)率先推行的一系列教育改革即是"进步教育"运动的重要组成部分,自此"民主教育"理念在美国逐渐占据上风,与此前占统治地位的"自由教育"(liberal education)理念恰好构成了一对"反题"。人文主义者白璧德作为"自由教育”的坚决捍卫者，针对杜威的教育理念提出了严厉批评：二者的对立当然不仅表现为教育理念上的冲突，而且是在更广泛的意义上代表了“自由”原则与“平等”原则的对立，此即“新”“老”自由主义的对立。在社会整体大环境下，杜威被老派自由主义者斥为“激进主义”的代表，而白璧德则被新自由主义者归入了“保守主义”的阵营。

自1915年秋天始，白璧德第一代中国学生陆续来到哈佛，后于20年代初将“白师”学说带回中国，以之为理论武器，对胡适等人领导的“新文化运动”大加批判，谱写了美国白（璧德）–杜（威）论争的中国翻版。只不过，20世纪20年代的中国，那个曾经无比尊崇传统的国度，已经以最大胆的姿态拥抱了自身的现代转型，杜威式的“激进主义”与来自法、俄的激进主义相比，最多只能归入“新文化运动”右翼阵营，而白璧德人文主义则顶风而上，与中国本土传统力量一起成了“顽固不化”的极端“保守主义”的典型。就这样，白璧德人文主义在美国与中国的特定历史时期屡屡发生奇特而有趣的“错位”现象，并“将错就错”在中国现代思想史上产生了重要的影响。

自白璧德人文主义首次译入中国（《白璧德中西人文教育谈》，载《学衡》1922年3月第3期）距今已百年。百年来光阴如流，时移世易，我国在现代转型期间未及充分吸收转化的思想资源，或将在当下焕发出新的可能与意义。白璧德的人文主义时至今日在我国仍然缺乏系统译介与研究，这与该学说在中国现代思想史上的影响殊不相称，不能不说是一种缺憾。职是之故，我们特推出《白璧德文集》（九卷本），这将是一座可资挖掘的富矿，宜在今后产生应有的影响。

迄今美国本土出版的白璧德著译作品共有九种（以出版时序排列）：

1. *Literature and the American College: Essays in Defense of the Humanities* (1908)

2. *The New Laocoon: An Essay on the Confusion of the Arts* (1910)

3. *The Masters of Modern French Criticism* (1912)

4. *Rousseau and Romanticism* (1919)

5. *Democracy and Leadership* (1924)

6. *On Being Creative and Other Essays* (1932)

7. *The Dhammapada: Translated from the Pali with an Essay on Buddha and the Occident* (1936)

8. *Spanish Character and Other Essays* (1940；1995年更名为*Character and Culture: Essays on East and West*再次发行)

9. *Irving Babbitt: Representative Writings* (1981；其所收录文章，除"English and the Discipline of Ideas"一篇外，均曾载于此前各书)

《白璧德文集》中文版在美国白氏现有出版书目基础上，重新编定了第九种，内容包括收于前八种之外的白氏全部已刊文稿四十二篇（以出版时序排列），主要分为以下四类：(1) 曾以单行本刊出的"Breakdown of Internationalism"、入选诸家合集的"Genius and Taste""Humanism: An Essay at Definition"，以及收入*Irving Babbitt: Representative Writings*的"English and the Discipline of Ideas"等重头文章；(2) 曾于"新文化运动"时期译入我国（因而于我们格外有意义）

的篇目，如演讲稿 “Humanistic Education in China and in the West” 及书评 “Milton or Wordsworth?—Review of *The Cycle of Modern Poetry*” 等；(3) 其余书评十九篇（包括匿名书评十篇——一个有趣的问题：白璧德为何要匿名？）；(4) 其他文章十七篇（包括介绍法国文学作品两篇，回应当代批评文章六篇，各类短文八则，以及生平自述一份）。编者依循前例，将这部文集命名为《人文主义的定义及其他》(*Humanism: An Essay at Definition, and Others*)，此为真正意义上的白氏第九部著作。现在我们可以有把握地宣称，商务印书馆推出的“大师文集系列”之《白璧德文集》（九卷本），在文献收录与编纂方面，比美国本土版本还要更加完备，更为合理。为方便读者比照原文，我们标出了原书页码，并制作了九卷本名词索引附于末卷。

感谢商务印书馆倾力支持，白先生系列文集由此得以打造成型。这套文集也是中美几代人文学者长久友情结出的果实，感谢美国天主教大学荣休教授瑞恩先生（Claes G. Ryn，1943— ）等美国当代“白派”(Babbittians) 师友的无私襄助，尽管当他们最终看到《白璧德文集》中文版比美国版还要完备，心情亦颇复杂而嗟呀不已。

继起《学衡》诸公未竟之功，是编者耿耿不灭的夙愿。最要感谢的是我们十年合作、精勤不殆的译者群体，大家彼此扶助，相互砥砺，当年优秀的学生如今已成长为优秀的青年学者，投身文教事业，赓续人文香火——十年愿心，终成正果。我们谨以中文版《白璧德文集》（九卷本）纪念《学衡》杂志（1922年1月—1933年7月）创刊一百周年暨白璧德人文主义学说抵达中国一百周年，以此向百年前一腔孤勇、逆流而行的《学衡》诸公致敬,并向他们的老师——影响了中国几代学人的白璧德大师致以最深切的怀念之情。

张源

2022年1月

法非为怠惰之人而为精进之人而作。

——《增支尼柯耶》,IV,第232页

如来无见之谬误。

——《中尼柯耶》,I,第486页

目　录

中文版编者序 1
原序 4

法句经

一　双品(Yamakavaggo) 9
二　不放逸品(Appamādavaggo) 19
三　心品(Cittavaggo) 25
四　花品(Pupphavaggo) 30
五　愚品(Bālavaggo) 37
六　智者品(Paṇḍitavaggo) 45
七　阿罗汉品(Arahantavaggo) 52
八　千品(Sahassavaggo) 57
九　恶品(Pāpavaggo) 64
十　刀杖品(Daṇḍavaggo) 70
十一　老品(Jarāvaggo) 77
十二　己品(Attavaggo) 82
十三　世品(Lokavaggo) 87

十四　佛陀品 (Buddhavaggo) …… 93
十五　乐品 (Sukhavaggo) …… 101
十六　喜爱品 (Piyavaggo) …… 107
十七　怒品 (Kodhavaggo) …… 112
十八　秽品 (Malavaggo) …… 118
十九　法住品 (Dhammaṭṭhavaggo) …… 127
二十　道品 (Maggavaggo) …… 134
二十一　杂品 (Pakiṇṇakavaggo) …… 142
二十二　地狱品 (Nirayavaggo) …… 150
二十三　象品 (Nāgavaggo) …… 157
二十四　爱欲品 (Taṇhāvaggo) …… 164
二十五　比丘品 (Bhikkhuvaggo) …… 177
二十六　婆罗门品 (Brāhmaṇavaggo) …… 187

论 文

佛陀与西方 …… 209

人名索引 …… 257
译名对照表 …… 259
译后记 …… 263

中文版编者序

白璧德(Irving Babbitt，1865—1933)1889年毕业于哈佛大学古典系，同年任教于蒙大拿学院，教授古希腊语与拉丁语。1891年赴法深造，在法国高等研究院师从著名东方学者西尔万·列维(Sylvain Lévi，1863—1935)学习梵文、巴利文及印度哲学，次年回到哈佛大学攻读东方学(Oriental Studies)硕士学位，成为导师查尔斯·罗克韦尔·兰曼(Charles Rockwell Lanman，1850—1941)开设的高级研修班中仅有的两名学生之一。翌年(1893)获得硕士学位，任教于威廉斯学院，教授法语、西班牙语、意大利语，以及关于但丁的课程。1894年回到哈佛，教授高级文学批评、比较文学诸课程，执教近四十年，直至1933年去世。

《法句经——译自巴利文并附论文〈佛陀与西方〉》(*The Dhammapada: Translated from the Pāli with an Essay on Buddha and the Occident*, 1936)一书在白璧德全部著述中最为特殊：它是白氏唯一一部译作，也是唯一一部与其硕士"专业"相关的研究著述。原书正文五十九页，并附五十七页专论《佛陀与西方》，译文与论文均为西方学界佛学研究的重要文献，目前尚未见到国内学者对于这部作品的专门研究。[1]

---

① 美国西来大学助理教授陈怀宇曾发表论文《白璧德之佛学及其对中国学者的影响》(载《清华大学学报[哲学社会科学版]》，2005年10月第5期，第20卷)，其中提到了白璧德《法句经》译本及《佛陀与西方》一文，但关于这部作品本身的进一步研究还有待展开。

该书于白璧德身后出版，大力推行白璧德思想学说的《学衡》杂志因于1933年停刊，未及向读者介绍其内容概貌。不过，《学衡》曾刊出白璧德英译版《法句经》第96偈与第183偈汉译[①]，译者吴宓因手边无经籍可考，乃自行转译[②]，于是这两则偈颂便一路从巴利文—英文—中文转译而来。令人颇有兴味的是，吴宓的中译非常贴近白璧德英译，却与中文古译呈现出了截然不同的面貌。以第96偈为例，白璧德英译为："His thought is quiet, quiet are his words and deed, when he has obtained freedom by true knowledge, when he has thus become a quiet man." 编者直译为："他的思想宁静，他的言行宁静，当他通过真知获得自由，他由此成了一个宁静的人。" 通行的中译典藏见支谦本《法句经》，对应译文为："心已休息，言行亦止，从正解脱，寂然归灭。" 白璧德与支谦两个译本意思大致不差，"寂然归灭" 正是 "获得自由"，但感觉却千差万别。有趣的是，吴宓无本可考、"杜撰" 而来的译文 "所思惟静，静言静行，宁静之人，智慧修成" 颇为贴合白璧德的英译，却与中文古译徒有形似，"对面不识"。

几重转译之下发生了如此有趣的文化变异现象，这带给编者很大的启发，因此在组织翻译白璧德英译本《法句经》的过程中，尝试采用了以下形式：

---

① 白璧德在《民主与领袖》(*Democracy and Leadership*, 1924) 一书第五章"欧洲与亚洲" (Europe and Asia) 中引用了自己的英译本《法句经》第96偈与第183偈，吴宓将该章译出，题为《白璧德论欧亚两洲文化》，载于《学衡》1925年2月第38期。

② 吴宓将白璧德英译文转译为中文并加注曰："原文见《法句经》第九十六偈。译者按：在此无佛经译本足供查考，故此段译文系出杜撰，甚歉"，以及"见《法句经》第一八六偈，在巴利原文仅有八字耳。译者按：无佛经可查，此译文系杜撰"。见《白璧德论欧亚两洲文化》，《学衡》1925年2月第38期，第3—4、13页。编者按：后一偈白璧德自注为《法句经》第186偈，此系笔误，应为第183偈。

首先，每一段偈颂给出巴利原文（CSCD[Chaṭṭha Saṅgāyana CD]版），供识者参考；

其次，附上支谦等人的经典古译；

再次，给出今人今译，由中山大学国际翻译学院聂渡洛副研究员从巴利文直接译出，这同时也是对当代学者语文水准的一次展示与记录；

进而，附出白璧德英译；

最后，给出白璧德译文汉译，由香港科技大学哲学系博士黄东田译出。仍以第96偈为例，黄生的译文“当人在真知中得到解脱，当他因此沉寂，他的思虑便会宁静，言行亦然”，水准高于编者上述译文，直、达兼顾，值得信赖。

除正文外，本书所附重要论文《佛陀与西方》及白璧德原序均由聂渡洛负责译出，正文中极见功力的一系列注解亦出自他的手笔。

本书主体完成于2017年7月，2019年纳入《白璧德文集》（九卷本）出版计划，2022年第一批推出。希望通过《白璧德文集》翻译团队的精心策划与译介，西方学界这一重要佛学文献暨人文研究能够从此抵达中国，产生应有的影响并引发相关研究，收获中西人文交流新成果。

张源

2021年8月

vii

原　　序

Dhammapada一词最好译为"德性之路"（Path of Virtue），假使我们知道"德性"（virtue）一词的意思实乃佛法（Buddhist Law or Norm）的话。据常见的排序，《法句经》属《小尼柯耶》（Khuddaka-nikāya）[1]第十部[2]，而《小尼柯耶》属上座部巴利三藏（Tipitaka）第二经藏（Suttapitaka）的第五部。这些巴利文经典盛行于今天的锡兰、缅甸、暹罗等地，也就是我们熟知的小乘佛教的兴盛地。巴利三藏的写作语言是巴利文，这种语言应该是公元前6世纪印度东北部摩揭陀省的方言。巴利文是梵文弱化的一种形式，它与梵文的关系经常被比为意大利文与拉丁文的关系。比如说，梵文nirvāna（涅槃）在巴利文中变成了nibbāna（涅槃），梵文bhikshu（比丘）变成了巴利文bhikkhu（比丘），等等。

巴利三藏的一部分是以散文写就的，一部分是以韵文写就的，有的则是两者皆有。《法句经》全书均是韵文，它由四百二十三个诗节构成，韵律不一，但都跟梵文shloka韵[3]有关联。

viii 现存的巴利文经典与佛陀的原初教诲的关系，以及它们与其他佛

---

① 尼柯耶（Nikāya）属巴利三藏之经藏部分，分为《长尼柯耶》《中尼柯耶》《相应尼柯耶》《增支尼柯耶》《小尼柯耶》五部。（本书脚注如无特别注明者，均为译者注）

② 《法句经》属《小尼柯耶》第二部，此处疑为白壁德误记。

② 这也是印度史诗《摩柯婆罗多》《罗摩衍那》的韵律。此韵通常用于对句，每半句（hemistich）有两个音步，每一个音步有八个音节。如《双品第三》："Akkocchimaṁavadhimaṁ, ajinimaṁahāsi me; ye ca taṁupanayhanti, veraṁtesaṁnasammati."

教诸家梵文、藏文、汉语等经典的关系疑问重重，极为复杂。想要对这些问题一探究竟的人，参看爱德华·托马斯[1]的《佛陀的一生：传奇与历史》(*The Life of Buddha as Legend and History*)一书会颇受教益。托马斯先生对于佛教的态度让人想起“高等评论[2]家”(higher critics)对基督教的态度。有识的学者几乎都认同佛陀是真实存在过的人物，而且承认四圣谛是佛陀本人的教诲。巴利三藏在很大程度上就是这四圣谛的辩证展开。事实上，阅读巴利文文献却觉得教义模糊及人物性格不明是不可能的。要了解佛陀的性格——对于许多人而言，佛陀的性格甚至比其教说更令人印象深刻——我们必须要读些《法句经》以外的经文，尤其是《长尼柯耶》(Dīgha-nikāya)。但从教义上看来，《法句经》中的语句与佛陀的真精神是相一致的，这点毫无疑问，即使它们不是逐字逐句地复述佛陀原话(*ipsissima verba*)。佛教徒们自己也为那些试图一窥这个不易法门的人推介这部经书。

现在呈现在读者面前的翻译是对马克斯·缪勒(Max Müller)翻译版本的修订，此版于1870年首次出版，之后列入“东方圣书”(the Sacred Books of the East)第十卷(1881年第一版，1898年第二版)。我在翻译时尽可能不偏离原文，尽管这种译法有时不免会影响表达上的 ix
雅驯。翻译佛经且又不害辞害意，其间存在着一个难以克服的障碍，即巴利语文献中大量的术语在英文或其他的西方语文中都找不到精准的对应。前人解决这一困难的办法是在译文后附上一个名词解释清单，

---

① 爱德华·托马斯(Edward J. Thomas, 1869—1958)，巴利语学者、翻译家。

② 即“高等批评”(higher criticism)或“历史批评”(historical criticism)，与“文本批评”(textual criticism, lower criticism)相对应。前者重视“文本背后的世界”，如文本的写作年代、背景事件、时代等等，力图还原文本的真实思想，兴盛于18世纪中叶。后者更注重文本词句校勘，自古有之。

如dhamma、samkhāra、khanda、āsava、tantā、nāma-rūpa等等。我决定不这样做，因为我相信要完全地领会这些词语的涵义，唯一的方法是广泛地阅读巴利文文献，而不仅限于《法句经》。即便是这样，对于西方人，哪怕是那些已经广泛阅读巴利原典文本的西方人来说，要从佛教角度把握生命也是很困难的，理由我在附文《佛陀与西方》中已经尝试阐明了。

在修订马克斯·缪勒的译文时，我参考了以下版本：福斯波尔（Fausböll）的版本（1855年首版，1900年修订版，附有拉丁文翻译）；巴利圣典协会1914年出版的由瑟拉（Suriyagoda Sumangala Thera）编订的巴利文版。我还参考了纽曼（K. E. Neumann）1893年出版的德文诗体译文，伍德瓦德（F. L. Woodward）1921年出版的英文诗体译文，"东方智慧书系"（the Wisdom of the East Series）1920年出版的瓦吉斯瓦拉（W. D. C. Wagiswara）及桑德斯（K. J. Saunders）的散文体译文。我还部分参考了"哈佛东方书系"（the Harvard Oriental Series, 1921年版，三卷本）中由柏林盖穆（E. W. Burlingame）翻译的《法句经注释》（*Dhammapada Commentary*）。

最后我想向我的前辈老师们致敬，他们是：法兰西学院梵语教授
x 西尔万·列维，哈佛大学荣休梵语教授查尔斯·罗克韦尔·兰曼。毋庸赘言，我对佛教的阐释及由于我对巴利文不够精通所带来的文辞上的不准确均由我自身负责，与他们无甚关涉。

法 句 经

一　双品（Yamakavaggo）

1. **Manopubbaṅgamā dhammā, manoseṭṭhā manomayā;**

manasā ce paduṭṭhena, bhāsati vā karoti vā.

Tato naṁ dukkhamanveti, cakkaṁva vahato padaṁ.

支谦本[1]：心為法本，心尊心使，中心念惡，即言即行，罪苦自追，車轢于轍。

今译：所思即所是。所思乃所是之基，乃所是之肢。若一人言行伴邪念，苦痛随至，若车轮之紧跟轭牛之足。

白译：All that we are is the result of what we have thought: it is founded on our thoughts, it is made up of our thoughts. If a man speaks or acts with an evil thought, pain follows him, as the wheel follows the foot of the ox that draws the wagon.

白译汉译：我们是什么，是我们所思之结果：它建基于我们的思想，由我们的思想组成。人如果言行中有恶念，痛苦必跟随他，如同车轮跟随拉车牛之足。

---

① 《法句经》古译取竺将炎、支谦译《法句经》（《大正新修大藏经》第4册第210号）中第九“双要品”至第三十五“梵志品”，对应巴利文本《法句经》的二十六品。缺省偈颂皆以竺佛念译《出曜经》（《大正新修大藏经》第4册第212号）、天息灾译《法集要颂经》（《大正新修大藏经》第4册第213号）等相应译文补之；偈颂不见于古译者则略去。

2. **Manopubbaṅgamā dhammā, manoseṭṭhā manomayā;**

manasā ce pasannena, bhāsati vā karoti vā.

Tato naṁ sukham anveti, chāyā va anapāyinī.

支谦本：心為法本，心尊心使，中心念善，即言即行，福自追身，如影随形。

今译：所思即所是。所思乃所是之基，乃所是之肢。若一人言行伴善念，福气随至，若影之不离身。

白译：All that we are is the result of what we have thought: it is founded on our thoughts, it is made up of our thoughts. If a man speaks or acts with a pure thought, happiness follows him, like a shadow that never leaves him.

白译汉译：我们是什么，是我们所思之结果：它建基于我们的思想，由我们的思想组成。人如果言行中有纯念，幸福必跟随他，如同身影不会离他而去。

3. **Akkocchi maṁ avadhi maṁ, ajini maṁ ahāsi me;**

ye ca taṁ upanayhanti, veraṁ tesaṁ na sammati.

支谦本：隨亂意行，拘愚入冥，自大無法，何解善言。

今译："吾受恶言之苦，吾遭棒击之痛，吾逢丧败之耻，吾罹失财之哀"，心中常存此等念想者，怨恨永驻。

白译：'He abused me, he beat me, he defeated me, he robbed me,' — in those who harbour such thoughts hatred will never cease.

白译汉译："他毁谤我，殴打我，击垮我，劫掠我"，人心中有此想法，仇恨永不止息。

4. **Akkocchi maṁ avadhi maṁ, ajini maṁ ahāsi me;**

ye ca taṁ nupanayhanti, veraṁ tesūpasammati.

《出曜经》: 人若罵我，勝我不勝，快意從者，怨終不息。

今译："吾受恶言之苦，吾遭棒击之痛，吾逢丧败之耻，吾罹失财之哀"，心无此等念想者，怨恨消散。

白译：'He abused me, he beat me, he defeated me, he robbed me,' — in those who do not harbour such thoughts hatred will cease.

白译汉译："他毁谤我，殴打我，击垮我，劫掠我"，人心中无此想法，仇恨便会止息。

5. **Na hi verena verāni, sammantīdha kudācanaṁ,**

averena ca sammanti; esa dhammo sanantano.

支谦本：慍於怨者，未嘗無怨，不慍自除，是道可宗。

今译：有怨恨之处，怨恨常在；有爱之处，怨恨消散；此乃古道。

白译：For never does hatred cease by hatred here below: hatred ceases by love; this is an eternal law.

白译汉译：怨恨不能因怨恨而止，怨恨会因爱而止，此乃恒律。

6. **Pare ca na vijānanti mayam ettha yamāmase;**

ye ca tattha vijānanti, tato sammanti medhagā.

支谦本：不好責彼，務自省身，如有知此，永滅無患。

今译：愚顽众人不知生之必有止，争斗不息；智者知生之必有止，清静止息。

白译：The world does not know that we must all come to an end here;

but those who know, their quarrels cease at once.

白译汉译：世人不知，我们所有人都将归于尽头；而知晓此理的人，会立止争端。

7. **Subhānupassiṁ viharantaṁ, indriyesu asaṁvutaṁ;**
bhojanamhi cāmattaññuṁ, kusītaṁ hīnavīriyaṁ,
taṁ ve pasahati Māro, vāto rukkhaṁ va dubbalaṁ.

支谦本：行見身淨，不攝諸根，飲食不節，慢墮怯弱，為邪所制，如風靡草。

今译：凡常寻淫乐者，欲无所节，食无所忌，慵懒不刚，天魔必毁之，如风摧羸弱之树。

白译：He who lives looking for pleasures only, his senses uncontrolled, immoderate in his food, idle and weak, him Māra (the tempter) will surely overthrow, as the wind throws down a weak tree.

白译汉译：人若活着只为寻找欢愉，诸根无节，吃食无度，闲荡而志弱，那么，天魔（诱惑者）必倾覆他，如风捣孱枝。

8. **Asubhānupassiṁ viharantaṁ, indriyesu susaṁvutaṁ;**
bhojanamhi ca mattaññuṁ, saddhaṁ āraddhavīriyaṁ.
Taṁ ve nappasahati Māro, vāto selaṁ va pabbataṁ.

支谦本：觀身不淨，能攝諸根，食知節度，常樂精進，不為邪動，如風大山。

今译：凡不寻淫乐者，欲有所节，食有所忌，有志且刚，天魔难毁，如风难摧坚岩之山。

4 白译：He who lives without looking for pleasures, his senses well

controlled, moderate in his food, faithful and strong, him Māra will certainly not overthrow, any more than the wind throws down a rock mountain.

白译汉译：人若活着不为寻找欢愉，诸根有节，吃食有度，信坚而志强，那么天魔必不能倾覆他，恰如风难卷山石。

9. **Anikkasāvo kāsāvaṁ, yo vatthaṁ paridahissati;**

apeto damasaccena, na so kāsāvam arahati.

支谦本：不吐毒態，欲心馳騁，未能自調，不應法衣。

今译：欲着袈裟而行己之所欲，不见真克己，难也。

白译：He who wishes to put on the yellow robe though still impure and disregardful of temperance and truth is unworthy of the yellow robe.

白译汉译：若心想着披起黄衣袈裟，但在克制与真谛上不纯不敬，此人就不配身披黄衣。

10. **Yo ca vantakasāv' assa, sīlesu susamāhito;**

upeto damasaccena, sa ve kāsāvam arahati.

支谦本：能吐毒態，戒意安靜，降心已調，此應法衣。

今译：清欲洁身，持守戒律，克己见真，实可着袈裟。

白译：But whoever has cleansed himself from impurity, is well-grounded in all virtues, and regards also temperance and truth, is indeed worthy of the yellow robe.

白译汉译：但是，如果谁让自己从不纯中抽身而出，能植根于一切德性中，遵守克制和真谛，谁才配身披黄衣。

11. **Asāre sāramatino, sāre cāsāradassino,**

te sāraṁ nādhigacchanti, micchāsaṅkappagocarā.

支谦本：以真為偽，以偽為真，是為邪計，不得真利。

今译：非真中求真，真中见不真，此人难获真，邪思住彼心。

白译：They who imagine truth in untruth, and see untruth in truth, never arrive at truth, but follow vain desires.

白译汉译：人若在不真实中思量真实，在真实中看见不真实，那么他永远不会抵达真实，而会追随虚妄的意向。

12. **Sārañca sārato ñatvā, asārañca asārato;**

te sāraṁ adhigacchanti, sammāsaṅkappagocarā.

支谦本：知真為真，見偽知偽，是為正計，必得真利。

今译：真中求真，非真中见不真，此人能获真，正思住彼心。

白译：They who know truth in truth and untruth in untruth, arrive at truth and follow true desires.

白译汉译：人若在真实中思量真实，在不真实中看见不真实，那么他便会抵达真实，而且追随正当的意向。

13. **Yathā agāraṁ ducchannaṁ, vuṭṭhi samativijjhati;**

evaṁ abhāvitaṁ cittaṁ, rāgo samativijjhati.

支谦本：蓋屋不密，天雨則漏，意不惟行，淫泆為穿。

今译：雨穿疏茅之房，欲穿疏理之心。

白译：As rain breaks through an ill-thatched house, lust breaks through an ill-trained mind.

白译汉译：正如雨水会直贯陋建的茅屋，贪欲也会直捣陋修的心灵。

14. **Yathā agāraṁ succhannaṁ, vuṭṭhi na samativijjhati;**

evaṁ subhāvitaṁ cittaṁ, rāgo na samativijjhati.

支谦本：蓋屋善密，雨則不漏，攝意惟行，淫泆不生。

今译：雨不穿密茅之房，欲不穿勤理之心。

白译：As rain does not break through a well-thatched house, lust will not break through a well-trained mind.

白译汉译：正如雨水不能直贯精建的茅屋，贪欲也不能直捣精修的心灵。

15. **Idha socati pecca socati, pāpakārī ubhayattha socati;**

so socati so vihaññati, disvā kammakiliṭṭham attano.

支谦本：造憂後憂，行惡兩憂，彼憂惟懼，見罪心懅。

今译：行恶者此世哀戚，来世哀戚，两世均哀戚。见其恶业，且哀且戚。

白译：The evil-doer mourns in this world and he mourns in the next; he mourns in both. He mourns and suffers when he sees the evil of his own work.

白译汉译：作恶者在此世和来世都会悲哀；他在两世皆哀。当看到自己的恶业，他便会哀叹而痛苦。

16. **Idha modati pecca modati, katapuñño ubhayattha modati;**

so modati so pamodati, disvā kammavisuddhim attano.

支谦本：造喜後喜，行善兩喜，彼喜惟歡，見福心安。

今译:行善者此生喜乐,来世喜乐,两世均喜乐。见其善业,且喜且乐。

白译:The virtuous man delights in this world, and he delights in the next; he delights in both. He delights and rejoices when he sees the purity of his own work.

白译汉译:有德者在此世和来世都能快乐;他在两世皆乐。当看到自己善业的纯洁,他会欢心喜悦。

17. **Idha tappati pecca tappati, pāpakārī ubhayattha tappati;**

"pāpaṁ me katan" ti tappati, bhiyyo tappati duggatiṁ gato.

支谦本:今悔後悔,為惡兩悔,厥為自殃,受罪熱惱。

今译:行恶者此世受苦,来世受苦,两世均受苦。思及其恶业,中心熬煎,堕入恶趣,更受其苦。

白译:The evil-doer suffers in this world and he suffers in the next; he suffers in both. He suffers when he thinks of the evil he has done: he suffers even more when he has gone in the evil path (to hell).

白译汉译:作恶者在此世和来世都会遭难;他在两世皆有难。当想到自己的恶业,他就会痛苦。当已经踏上(通往地狱的)恶途,他痛苦更甚。

18. **Idha nandati pecca nandati, katapuñño ubhayattha nandati;**

"puññaṁ me katan" ti nandati, bhiyyo nandati suggatiṁ gato.

支谦本:今歡後歡,為善兩歡,厥為自祐,受福悅豫。

今译:行善者此世享福,来世享福,两世均享福。思及其善业,中心喜乐,趋向善道,更受喜乐。

白译：The virtuous man is happy in this world and he is happy in the next; he is happy in both. He is happy when he thinks of the good he has done. He is even happier when he has gone on the good path (to heaven).

白译汉译：有德者在现世和来世皆可幸福；他在两世都幸福。当想到自己的善业，他是幸福的。当已经踏上了（通天的）善途，他会更幸福。

19. **Bahum pi ce sahitaṁ bhāsamāno, na takkaro hoti naro pamatto,**
gopo va gāvo gaṇayaṁ paresaṁ, na bhāgavā sāmaññassa hoti.

支谦本：巧言多求，放蕩無戒，懷婬怒癡，不惟止觀，聚如群牛，非佛弟子。

今译：放逸之士，虽常诵三藏，不遵而行之，亦不获沙门果，如牧人数他家之牛。

白译：The slothful man even if he can recite many sacred verses, but does not act accordingly, has no share in the priesthood, but is like a cowherd counting another's kine.

白译汉译：慵者不遵教而行，即使会诵记诸多圣篇，也没有沙门之名分，而只不过像牧人数别家的牛。

20. **Appam pi ce sahitaṁ bhāsamāno, dhammassa hoti anudhammacārī,**
rāgañca dosañca pahāya mohaṁ, sammappajāno suvimuttacitto.
Anupādiyāno idha vā huraṁ vā, sa bhāgavā sāmaññassa hoti.

支谦本：時言少求，行道如法，除婬怒癡，覺正意解，見對不起，是佛弟子。

今译：精进之士，虽少诵三藏，遵法而行之，息灭贪嗔痴，具足正知识，不着今生来世世俗欲，亦获沙门果。

白译：If a man can recite but few sacred verses but is a follower of the Law, and, having forsaken lust and ill-will and delusion, possesses true knowledge and serenity of mind, he, clinging to nothing in this world or that to come, has indeed a share in the priesthood.

白译汉译：如果人只会诵记少许圣篇，却依法而行，摒弃贪嗔痴，得到真知和诚心，那么他就不随附于任何今世及来世之事物，而有沙门之名分。

二　不放逸品（Appamādavaggo）

6

21. **Appamādo amatapadaṁ, pamādo maccuno padaṁ;**

appamattā na mīyanti, ye pamattā yathā matā.

支谦本：戒為甘露道，放逸為死徑，不貪則不死，失道為自喪。

今译：精进乃不死之道，放逸乃死亡之途，精进者不死，放逸者如尸。

白译：Earnestness is the path of immortality, thoughtlessness the path of death. Those who are earnest do not die, those who are thoughtless are as if dead already.

白译汉译：精进是通往永生之路，放逸是前往死亡之途。精进之人无死，放逸之人如已死一般。

22. **Etaṁ visesato ñatvā, appamādamhi paṇḍitā;**

appamāde pamodanti, ariyānaṁ gocare ratā.

支谦本：慧智守道勝，終不為放逸，不貪致歡喜，從是得道樂。

今译：知者明辨之，智慧猛精进，此中得愉悦，喜乐圣者境。

白译：Those who, having understood this clearly, are advanced in earnestness, delight therein, rejoicing in the knowledge of the Ariyas (the elect).

白译汉译：明此道理而求索于精进者，必乐于斯，愉于圣者。

23. **Te jhāyino sātatikā, niccaṁ daḷhaparakkamā;**

phusanti dhīrā nibbānaṁ, yogakkhemaṁ anuttaraṁ.

支谦本：常當惟念道，自強守正行，健者得度世，吉祥無有上。

今译：坚韧修禅定，勇猛常精进，安稳达涅槃，得无上解脱。

白译：These wise people, meditative, persevering, always possessed of strong powers, attain to Nirvāna, the highest happiness.

白译汉译：智者能省思而持沉，时时有强力，能抵达涅槃，这是至上的幸福。

24. **Uṭṭhānavato satimato sucikammassa nisammakārino;**

Saññatassa ca dhammajīvino appamattassa yaso bhivaḍḍhati.

支谦本：正念常興起，行淨惡易滅，自制以法壽，不犯善名增。

今译：奋勉勤不息，净业而慎行，依法克己欲，无逸善名扬。

白译：If a man is earnest and exerts himself, if he is ever-mindful, if his deeds are pure, if he acts with consideration and restraint and lives according to the Law, — then his glory will increase.

白译汉译：如果人能勤勉促己，能存念知觉，行为纯粹，慎重节制而依法行事，那么他名誉必增。

25. **Uṭṭhānen' appamādena saññamena damena ca;**

dīpaṁ kayirātha medhāvī, yaṁ ogho nābhikīrati.

支谦本：發行不放逸，約己自調心，慧能作錠明，不返冥淵中。

今译：奋勉不放逸，节欲慑服己，智者自筑岛，洪水不能侵。

白译：By rousing himself, by earnestness, by temperance and self-control, the wise man may make for himself an island which no flood can overwhelm.

白译汉译：智者激奋自己，精进勤勉，克制而自节，那么他便筑起了沙洲，洪流无摧。

26. **Pamādam anuyuñjanti, bālā dummedhino janā;**

appamādañca medhāvī, dhanaṁ seṭṭhaṁ va rakkhati.

支谦本：愚人意難解，貪亂好諍訟，上智當重慎，護斯為寶尊。

今译：耽溺放逸行，人乃钝且愚，智者猛精进，如护大珍宝。

白译：Senseless and foolish folk fall into sloth. The wise man guards earnestness as his best treasure.

白译汉译：放逸而愚蠢之人会陷于慵懒。智者珍爱精进，如守卫至珍宝藏。

27. **Mā pamādam anuyuñjetha, mā kāmaratisanthavaṁ;**

appamatto hi jhāyanto, pappoti vipulaṁ sukhaṁ.

支谦本：莫貪莫好諍，亦莫嗜欲樂，思心不放逸，可以獲大安。

今译：切勿放逸行，切勿逐爱欲，禅定自精进，方得大欢喜。

白译：Follow not after vanity, nor after the enjoyment of love and lust. He who is earnest and meditative obtains ample joy.

白译汉译：不流于放逸，也不流于爱欲与贪欲。精进且沉思者，必得安乐。

28. **Pamādaṁ appamādena, yadā nudati paṇḍito;**
paññāpāsādam āruyha, asoko sokiniṁ pajaṁ;
pabbataṭṭho va bhummaṭṭhe, dhīro bāle avekkhati.

支谦本：放逸如自禁，能却之為賢，已昇智慧閣，去危為即安，明智觀於愚，譬如山與地。

今译：智者常精进，扫除放逸行，无忧且安定，更登智慧楼，俯观愚昧众，如观山下人。

白译：When the learned man drives away vanity by earnestness, he, the wise, climbing the terraced heights of wisdom, looks down upon the fools, free from sorrow he looks upon the sorrowing crowd,
7 as one that stands on a mountain looks down upon them that stand upon the plain.

白译汉译：当博学之人用精进驱除放逸，他作为一个智者，便登攀智慧之高台，藐视群愚。挣脱了悲苦的人，方能俯瞰悲苦之众，如同立于山上，而藐视平地上的人。

29. **Appamatto pamattesu, suttesu bahujāgaro;**
abalassaṁ va sīghasso, hitvā yāti sumedhaso.

支谦本：居亂而身正，彼為獨覺悟，是力過師子，棄惡為大智。

今译：精进人身处放逸人之中，犹觉醒者身处昏睡人之中。智者如良驹，驽骀自难及。

白译：Earnest among the slothful, awake among the sleepers, the wise man advances like a racer, leaving behind the hack.

白译汉译：身处慵懒者中，却不放逸；置身昏睡者中，但能觉醒。智者前进如劲马，将驽马抛于身后。

30. **Appamādena Maghavā devānaṁ seṭṭhataṁ gato;**

appamādaṁ pasaṁsanti, pamādo garahito sadā.

《出曜经》：不放而得稱，放逸致毀謗，不逸摩竭人，緣淨得生天。

今译：摩伽因无逸，乃为诸天王，精进为人赞，放逸为人诟。

白译：By earnestness did Maghavan (Indra) rise to the lordship of the gods. People praise earnestness; thoughtlessness is always blamed.

白译汉译：因为精进，摩伽（因陀罗）得以升至神之高位。人们颂赞精进，而放逸总被诟病。

31. **Appamādarato bhikkhu, pamāde bhayadassi vā;**

saññojanaṁ aṇuṁ thūlaṁ, ḍahaṁ aggī va gacchati.

支谦本：比丘謹慎樂，放逸多憂愆，變諍小致大，積惡入火焚。

今译：比丘不放逸，惧见放逸行，勇猛如烈火，灭除众十结。

白译：A mendicant who delights in earnestness, who looks with fear on thoughtlessness, advances like a fire, burning all his fetters both great and small.

白译汉译：比丘在精进中得到快乐，对放逸有忌惮，则能进如火焰，焚毁大小之羁绊。

32. **Appamādarato bhikkhu, pamāde bhayadassi vā;**

abhabbo parihānāya, nibbānass' eva santike.

支谦本：守戒福致喜，犯戒有懼心，能斷三界漏，此乃近泥洹。

今译：比丘多喜乐，精进不放逸，惧见放逸行，智慧永不堕，趋身近涅槃。

白译：A mendicant who delights in earnestness, who looks with fear on thoughtlessness, cannot fall away (from his perfect state) — he is close upon Nirvāna.

白译汉译：比丘在不放逸中得到快乐，对放逸有忌惮，则不会（从完善之境）跌离——而会趋近涅槃。

三　心品（Cittavaggo） 8

33. **Phandanaṁ capalaṁ cittaṁ, dūrakkhaṁ dunnivārayaṁ;**

ujuṁ karoti medhāvī, usukāro va tejanaṁ.

支谦本：意駛於響，難護難禁，慧正其本，其明乃大。

今译：惶惶忧惧心，难持难慑服，智者正直之，如矫直箭矢。

白译：As a fletcher makes straight his arrow, a wise man makes straight his trembling and unsteady thought, which is difficult to guard, difficult to hold back.

白译汉译：如同弓匠矫正箭矢，智者会捋平疑虑和不安的念想，那些念头既难以戒护，又难以遏制。

34. **Vārijo va thale khitto, okamokata ubbhato;**

pariphandat' idaṁ cittaṁ, Māradheyyaṁ pahātave.

《出曜经》：如魚在旱地，以離於深淵，心識極惶懅，魔眾而奔馳。

今译：如鱼离湖沼，挣扎旱地上，此心亦战栗，脱离大天魔。

白译：As a fish taken from his watery home and thrown on the dry ground, our thought quivers all over in its effort to escape the dominion of Māra (the tempter).

白译汉译：如同鱼从水乡中捕出，遭掷于旱地，我们的念想总是为了逃出天魔（诱惑者）地界而摆荡不安。

35. **Dunniggahassa lahuno, yatthakāmanipātino,**

cittassa damatho sādhu, cittaṁ dantaṁ sukhāvahaṁ.

支谦本：輕躁難持，唯欲是從，制意為善，自調則寧。

今译：飘忽此心思，上下随欲扬，善哉慑服之，福乐自相伴。

白译：It is good to tame the mind, which is difficult to hold in and flighty, rushing wherever it listeth; a tamed mind brings happiness.

白译汉译：驯服心境，乃为善事。心难于持驻，轻佻任性，随处奔流。已驯服的心必带来喜乐。

36. **Sududdasaṁ sunipuṇaṁ, yatthakāmanipātinaṁ;**

cittaṁ rakkhetha medhāvī, cittaṁ guttaṁ sukhāvahaṁ.

支谦本：意微難見，隨欲而行，慧常自護，能守即安。

今译：此心随欲扬，飘忽难捉摸，智者常护持，福乐自相伴。

白译：Let the wise man guard his thoughts which are difficult to perceive, very artful and rushing wherever they list: thoughts well guarded bring happiness.

白译汉译：念想难以捉摸，狡猾机巧，随处奔流，应让智者坚守之。信念得以坚守，必带来幸福。

37. **Dūraṅgamaṁ ekacaraṁ, asarīraṁ guhāsayaṁ,**

ye cittaṁ saññamessanti, mokkhanti Mārabandhanā.

支谦本：獨行遠逝，覆藏無形，損意近道，魔繫乃解。

今译：此心远近行，此心无实体，此心存身间，若能慑服之，天魔缚不随。

白译：Those who bridle their mind which travels far, moves about alone, is without a body, and hides in the chamber (of the heart), are freed from the bonds of Māra (the tempter).

白译汉译：心能游远而独行，没有形体，并藏于（心）房中，人若能为心灵套上辔头，便可免于天魔（诱惑者）的枷锁。

38. **Anavaṭṭhitacittassa, saddhammaṁ avijānato;**

pariplavapasādassa, paññā na paripūrati.

支谦本：心無住息，亦不知法，迷於世事，無有正智。

今译：心思不定，不见真法，智慧不就。

白译：If a man's thoughts are unsteady, if he does not know the true Law, his knowledge will never be perfect.

白译汉译：如果念想不安，如果不懂正法，人的智识也将无法完满。

39. **Anavassutacittassa, ananvāhatacetaso,**

puññapāpapahīnassa, natthi jāgarato bhayaṁ.

支谦本：念無適止，不絕無邊，福能遏惡，覺者為賢。

今译：心无挂漏，诸惑不乱，超越福恶，清醒明见，忧惧不存。

白译：If a man's thoughts are free from lust, if his mind is not perplexed, if he has renounced merit and demerit, then there is no fear for him while he is watchful.

白译汉译：如果念想免于贪欲，心境不杂，捐弃优劣，那么，人既警觉，则无所畏惧。

40. **Kumbhūpamaṁ kāyam imaṁ viditvā, nagarūpamaṁ cittam idaṁ ṭhapetvā.**

Yodhetha Māraṁ paññāyudhena, jitañca rakkhe anivesano siyā.

支谦本：藏六如龜，防意如城，慧與魔戰，勝則無患。

今译：知此身弱如陶皿，固守此心若城郭，以慧迎战天魔，守护胜过者，心中无恋依。[1]

白译：Knowing that this body is (fragile) like a jar, and making this thought firm like a fortress, one should attack Māra (the tempter) with the weapon of knowledge, one should watch him when conquered and should never falter.

白译汉译：人能知道形体（脆）如陶皿，而能让念想如坚垒，便应该以智识之武器，击破天魔（诱惑者）；而纵使伏魔，也应坚守而不惧。

41. **Aciraṁ vat' ayaṁ kāyo, paṭhaviṁ adhisessati;**

chuddho apetaviññāṇo, niratthaṁ va kaliṅgaraṁ.

支谦本：有身不久，皆當歸土，形壞神去，寄住何貪。

今译：不久矣，此身将卧埋于地下！丧识遭弃，若无用之木。

9 白译：Before long, alas! this body will lie on the ground, despised,

---

① 此处白璧德理解有误。

bereft of consciousness, like a useless log.

白译汉译：不久之后，哎呀，身体将卧于大地，被抛弃，被褫夺意志，如无用之木。

42. **Diso disaṁ yaṁ taṁ kayirā, verī vā pana verinaṁ;**
micchāpaṇihitaṁ cittaṁ, pāpiyo naṁ tato kare.

支谦本：心豫造處，往來無端，念多邪僻，自為招惡。

今译：仇对仇，怨对怨，心若向邪，其害更甚。

白译：Whatever a hater may do to a hater, or an enemy to an enemy, a wrongly-directed mind will do us greater mischief.

白译汉译：无论仇者如何对待仇者，敌人如何对待敌人，迷失的心都将对我们伤害更甚。

43. **Na taṁ mātā pitā kayirā, aññe vāpi ca ñātakā;**
sammāpaṇihitaṁ cittaṁ, seyyaso naṁ tato kare.

支谦本：是意自造，非父母為，可勉向正，為福勿回。

今译：父母之善难及，亲眷之善难及，心若向善，其善最大。

白译：Not a mother, not a father will do so much, nor any other relative; a well-directed mind will do us greater service.

白译汉译：正行的心对我们更有裨益，虽父母也做不到这样，旁亲也不能如此。

四　花品（Pupphavaggo）

44. **Ko imaṁ paṭhaviṁ vijessati, yamalokañca imaṁ sadevakaṁ?**

Ko dhammapadaṁ sudesitaṁ, kusalo puppham iva pacessati?

支谦本：孰能擇地，捨鑑取天，誰說法句，如擇善華。

今译：何人克此地界、此阎罗界、此天界？何人善说句法，如花匠巧采英华？

白译：Who shall overcome this Earth, and the world of Yama (the lord of the departed), and the world of the gods? Who shall find out the well-taught path of virtue, even as a clever (garland weaver) picks out the (right) flower?

白译汉译：谁将克服这地界、魔（主宰往生者）界还有天界？谁将发现德性的善教之途，恰如灵巧的人（编花环者）采拾（合适的）花朵？

45. **Sekho paṭhaviṁ vijessati, Yamalokañca imaṁ sadevakaṁ;**

sekho dhammapadaṁ sudesitaṁ, kusalo puppham iva pacessati.

支谦本：學者擇地，捨鑑取天，善說法句，能採德華。

今译：有学克此地界、此阎罗界、此天界。有学善说句法，如花匠巧采英华。

白译：The disciple will overcome the Earth, and the world of Yama, and the world of the gods. The disciple will find out the well-taught path of virtue, even as a clever (garland-weaver) picks out the right flower.

白译汉译：修学者会征服地界、魔界还有天界，修学者会发现德性的善教之途，恰如灵巧的人(编花环者)采拾合适的花朵。

46. **Pheṇūpamaṁ kāyam imaṁ viditvā, marīcidhammaṁ abhisambudhāno.**
Chetvāna Mārassa papupphakāni, adassanaṁ Maccurājassa gacche.

支谦本：見身如沫，幻法自然，斷魔華敷，不覩生死。

今译：智者知此身，如泡影梦幻，折断天魔花，不见地府君。

白译：He who knows that this body is like froth and has learned that it is as unsubstantial as a mirage, will break the flower-tipped arrow of Māra, and never see the King of death.

白译汉译：人明白了身形如泡沫、如蜃景般虚幻，便会挫断天魔的花顶箭，而永远不必见死者之王。

47. **Pupphāni h' eva pacinantaṁ, byāsattamanasaṁ naraṁ;**
suttaṁ gāmaṁ mahogho va, maccu ādāya gacchati.

支谦本：身病則痿，若華零落，死命來至，如水湍驟。

今译：采花有他心，死天带将去，如有大洪水，摧拉沉睡村。

白译：Death carries off a man who is gathering flowers and whose mind is distracted, as a flood carries off a sleeping village.

白译汉译：死亡会带走忙于摘花而心神偏离之人，如同洪流冲走熟睡中的村庄。

48. **Pupphāni h' eva pacinantaṁ, byāsattamanasaṁ naraṁ;**
atittaṁ yeva kāmesu, antako kurute vasaṁ.

支谦本：貪欲無厭，消散人念，邪致之財，為自侵欺。

今译：死魔降此人，采花有他心，贪婪无餍足。

白译：Death overpowers a man who is gathering flowers, and whose mind is distracted, before he is satiated in his pleasures.

白译汉译：死亡会征服忙于摘花而心神偏离之人，还没等到他的乐趣得到满足。

49. **Yathāpi bhamaro pupphaṁ, vaṇṇagandhaṁ aheṭhayaṁ;**
paleti rasam ādāya, evaṁ gāme munī care.

支谦本：如蜂集華，不嬈色香，但取昧去，仁入聚然。

今译：牟尼入村落，如蜂采蜜糖，不破花与香，但取其味辛。

白译：As the bee collects nectar and departs without injuring the flower or its colour or scent, so let a sage go about a village.

白译汉译：让圣者行走乡间，他如同采蜜之蜂，离去之时，无伤花之色香。

50. **Na paresaṁ vilomāni, na paresaṁ katākataṁ;**
attano va avekkheyya, katāni akatāni ca.

支谦本：不務觀彼，作與不作，常自省身，知正不正。

今译：不观他人过，不观他人行与未行，但观己之行与未行。

白译：Not the perversities of others, not what they have done or left undone should a sage take notice of.

白译汉译：圣者不应留意他人的过失，也不应留意他人的作为与不为。

51. **Yathāpi ruciraṁ pupphaṁ, vaṇṇavantaṁ agandhakaṁ;**
evaṁ subhāsitā vācā, aphalā hoti akubbato.

支谦本：如可意華，色好無香，工語如是，不行無得。

今译：譬如娇艳花，色美而无香，善语亦如是，不行则无果。

白译：Like a beautiful flower, full of colour, but without scent, are the fair but fruitless words of him who does not act accordingly.

白译汉译：言行不一的人，如同鲜花色丰却无香，其言语华而不实。

52. **Yathāpi ruciraṁ pupphaṁ, vaṇṇavantaṁ sagandhakaṁ;**
evaṁ subhāsitā vācā, saphalā hoti sakubbato.

支谦本：如可意華，色美且香，工語有行，必得其福。

今译：譬如娇艳花，色美而芳香，善语亦如是，行则有果实。

白译：Like a beautiful flower, full of colour and full of scent, are the 11
pure and fruitful words of him who acts accordingly.

白译汉译：言行一致的人，如同鲜花色丰而香满，其言语纯粹而实在。

53. **Yathāpi puppharāsimhā, kayirā mālāguṇe bahū;**
evaṁ jātena maccena, kattabbaṁ kusalaṁ bahuṁ.

支谦本：多作寶花，結步搖綺，廣積德者，所生轉好。

今译：花团重重簇，方有花环作，生者亦如是，宜行多重善。

白译：Even as one may make many kinds of wreaths from a heap of flowers, so should one born to the mortal lot, perform good deeds manifold.

白译汉译：就像能用花簇制出不同的花环，人生而凡胎，也应该做出善行。

54. **Na pupphagandho paṭivātam eti, na candanaṁ tagaramallikā.**
Satañca gandho paṭivātam eti, sabbā disā sappuriso pavāti.

支谦本：奇草芳花，不逆風熏，近道敷開，德人遍香。

今译：花香不逆风，茉莉陀伽罗，栴檀亦不然，善行逆风传，四方皆得闻。

白译：The scent of flowers does not travel against the wind, nor that of sandal-wood, or of Tagara and Mallikā flowers; but the fragrance of good people travels even against the wind; a good man pervades every place.

白译汉译：花香飘逸，不会悖于风向，无论是檀木、陀伽罗还是茉莉，都是如此。但善人的芬芳会逆风而行，善人之名声能够传遍四方。

55. **Candanaṁ tagaraṁ vāpi, uppalaṁ atha vassikī;**
etesaṁ gandhajātānaṁ, sīlagandho anuttaro.

支谦本：旃檀多香，青蓮芳花，雖曰是真，不如戒香。

今译：栴檀陀伽罗，青莲茉莉花，诸香难相比，戒香最上乘。

白译：Sandal-wood or Tagara, a lotus-flower or a Vassiki, among these sorts of perfumes the perfume of virtue is preëminent.

白译汉译：相比于檀木或陀伽罗、莲花或拔悉基这些香气，德性的香气至高无上。

56. **Appamatto ayaṁ gandho, yāyaṁ tagaracandanī.**
Yo ca sīlavataṁ gandho, vāti devesu uttamo.

支谦本：華香氣微，不可謂真，持戒之香，到天殊勝。

今译：栴檀陀伽罗，其香味甚微，德性香遍闻，直达最高天。

白译：Mean is the scent that comes from Tagara and sandal-wood; — the perfume of those who possess virtue rises up to the gods as the highest.

白译汉译：陀伽罗与檀木香气稀少，而德性之人的香气溢升向上，与神同高。

57. **Tesaṁ sampannasīlānaṁ, appamādavihārinaṁ;**
sammadaññā vimuttānaṁ, Māro maggaṁ na vindati.

支谦本：戒具成就，行無放逸，定意度脱，長離魔道。

今译：潜心修戒行，坚守不放逸，见真解脱身，天魔不上门。

白译：Of the people thus excellently virtuous, abiding in earnestness and emancipated through true knowledge, Māra (the tempter) never finds the way.

白译汉译：对于那些如此精于德性、栖于精进、因真知而解脱的人，天魔（诱惑者）无计可施。

58. 59. **Yathā saṅkāradhānasmiṁ, ujjhitasmiṁ mahāpathe;**

padumaṁ tattha jāyetha, sucigandhaṁ manoramaṁ.

Evaṁ saṅkārabhūtesu, andhabhūte puthujjane;

atirocati paññāya, sammāsambuddhasāvako.

支谦本：如作田溝，近于大道，中生蓮華，香潔可意。有生死然，凡夫處邊，慧者樂出，為佛弟子。

今译：污秽叠堆积，弃于大道中，莲花生于彼，雅香惹人怜。正觉者弟子，智慧光照人，立于盲夫中，盲夫如污秽。

白译：As on a heap of rubbish cast upon the highway the lotus will grow full of sweet perfume and delight, thus the disciple of the truly enlightened Buddha shines forth by his knowledge among those who are like rubbish, among the people who walk in darkness.

白译汉译：即使被弃置在道路旁的尘芥上，莲花依然绽放，香美而令人愉悦。所以，得道之佛的弟子，凭借智识而能闪烁于污秽之群，行走于黑暗之众。

五　愚品（Bālavaggo） 12

60. **Dīghā jāgarato ratti, dīghaṁ santassa yojanaṁ;**

dīgho bālānaṁ saṁsāro, saddhammaṁ avijānataṁ.

支谦本：不寐夜長，疲惓道長，愚生死長，莫知正法。

今译：无眠夜漫漫，倦途路遥遥，愚者永轮回，不知真善法。

白译：Long is the night to him who is awake; long is a league to him who is tired; long is the round of rebirth to the foolish who do not know the true Law.

白译汉译：对于觉醒的人而言，黑夜是漫长的；对于疲倦的人而言，一由旬[1]的路程是漫长的；对于不懂正法的愚人而言，轮回是漫长的。

61. **Carañce nādhigaccheyya, seyyaṁ sadisam attano;**

ekacariyaṁ daḷhaṁ kayirā, natthi bāle sahāyatā.

支谦本：癡意常冥，逝如流川，在一行彊，獨而無偶。

今译：旅途若无友，踽踽而独行，不为愚者伴。

白译：If a traveller does not meet with one who is his better or his

① 由旬，梵文为योजना（yojana），巴利文同此音，古代印度长度计量单位，约为公牛行走一天的路程。

equal, let him keep firmly to his solitary journey; there is no companionship with a fool.

白译汉译:如果一个旅者没能与相近于己或者优异于己的人相遇,那就让他坚持踽踽独行。不能与愚者作伴。

62. **"Puttā m' atthi dhanaṁ m' atthi," iti bālo vihaññati;**
attā hi attano natthi kuto puttā kuto dhanaṁ.

支谦本:有子有财,愚惟汲汲,我且非我,何有子财。

今译:我子与我财,愚者常自扰,本来无有我,何况子与财。

白译:'These sons belong to me, and this wealth belongs to me,' with such thoughts a fool is tormented. He himself does not belong to himself; how much less sons and wealth?

白译汉译:"这些子嗣都是我的,这些资财也都是我的。"因为有这样的想法,愚人被折磨着。他连自我都没有,子嗣和资产的多少又有什么关系呢?

63. **Yo bālo maññati bālyaṁ, paṇḍito vāpi tena so;**
bālo ca paṇḍitamānī, sa ve "bālo" ti vuccati.

支谦本:愚矇愚極,自謂我智,愚而勝智,是謂極愚。

今译:愚者若自知,乃为智者身,愚者若自矜,实乃愚笨人。

白译:The fool who knows his foolishness is wise at least so far. But a fool who thinks himself wise, he is called a fool indeed.

白译汉译:愚人知其愚,至少有点智慧了。但愚人认为自己有智慧,那他是真的愚蠢。

64. **Yāvajīvam pi ce bālo, paṇḍitaṁ payirupāsati,**

na so dhammaṁ vijānāti, dabbī sūparasaṁ yathā.

支谦本：頑闇近智，如瓢斟味，雖久狎習，猶不知法。

今译：愚者生不易，倘若贤人亲，纵无缘善法，亦尝一匙羹。

白译：If a fool be associated with a wise man even all his life, he will perceive the truth as little as a spoon perceives the taste of soup.

白译汉译：愚人即便和智者共度此生，也只能得到些许真理，如同勺子上所沾的残羹之味。

65. **Muhuttam api ce viññū, paṇḍitaṁ payirupāsati,**

Khippaṁ dhammaṁ vijānāti, jivhā sūparasaṁ yathā.

支谦本：開達近智，如舌嘗味，雖須臾習，即解道要。

今译：智者难恒常，若亲智者身，速致真法意，如舌之知味。

白译：If an intelligent man be associated for one minute only with a wise man, he will soon perceive the truth, as the tongue perceives the taste of soup.

白译汉译：慧人即便只和智者相处片刻，也能得到真理，如舌尝羹味。

66. **Caranti bālā dummedhā, amitten'eva attanā;**

karontā pāpakaṁ kammaṁ, yaṁ hoti kaṭukapphalaṁ.

支谦本：愚人施行，為身招患，快心作惡，自致重殃。

今译：愚顽不自知，实乃己大敌，造作诸恶业，必有恶果还。

白译：Fools of little understanding are their own greatest enemies, for they do evil deeds which must bear bitter fruits.

白译汉译：愚人所知甚少，他们本身就是自己的死敌，因为他们必为恶行承担苦果。

67. **Na taṁ kammaṁ kataṁ sādhu, yaṁ katvā anutappati;**
yassa assumukho rodaṁ vipākaṁ paṭisevati.

支谦本：行為不善，退見悔悋，致涕流面，報由宿習。

今译：生不作善业，且造且恼悔，号泣泪满面，身必受报应。

白译：That deed is not well done of which a man must repent, and the reward of which he receives crying and with a tearful face.

白译汉译：为事不善，人必悔之，他只能泪流满面地接受果报。

68. **Taṇ ca kammaṁ kataṁ sādhu, yaṁ katvā nānutappati;**
yassa patīto sumano, vipākaṁ paṭisevati.

支谦本：行為德善，進覩歡喜，應來受福，喜笑悅習。

今译：生若修善业，无悔且无憾，心中大欢喜，身必受报应。

白译：No, that deed is well done of which a man does not repent and the reward of which he receives gladly and cheerfully.

白译汉译：为事良善，人不后悔，他会欣然欢喜地接受果报。

69. **Madhuvā maññati bālo, yāva pāpaṁ na paccati;**
yadā ca paccati pāpaṁ, atha bālo dukkhaṁ nigacchati.

支谦本：過罪未熟，愚以恬惔，至其熟時，自受大罪。

今译：恶业未成熟，愚人如饮蜜，恶业成熟时，愚人自受苦。

白译：As long as the evil deed done does not bear fruit, the fool thinks it is like honey; but when it ripens, then the fool suffers grief. 13

白译汉译：只要恶行未有结果，愚人还以为那像蜜一样甜美；但果熟之时，愚人便遭苦了。

70. **Māse māse kusaggena, bālo bhuñjeyya bhojanaṁ;**
na so saṅkhātadhammānaṁ, kalaṁ agghati soḷasiṁ.

支谦本：愚好美食，月月滋甚，於十六分，未一思法。

今译：愚者节饮食，食草[1]月复月，纵然有此行，不及得法者，十六分之一。

白译：Let a fool month after month eat his food (like an ascetic) with the tip of a blade of Kusha grass, yet is he not worth the sixteenth part of those who have well-weighed the Law.

白译汉译：即使让愚人（像沙门那般）月复一月用香茅的叶尖吃饭，他仍不及得法者的十六分之一。

71. **Na hi pāpaṁ kataṁ kammaṁ, sajju khīraṁva muccati;**
ḍahantaṁ bālam anveti, bhasmacchanno va pāvako.

支谦本：惡不即時，如搆牛乳，罪在陰祠，如灰覆火。

今译：新乳不立凝，恶业亦如是，烧若烬中火，尾随愚笨人。

白译：An evil deed like newly-drawn milk does not turn at once;

---

① 对应原文为māse kusaggena，指香茅的叶尖。

smouldering like fire covered with ashes, it follows the fool.

白译汉译：恶行如同新挤的奶水，不会马上出来。它会跟随着愚者，闷烧郁积，如火上覆灰。

72. **Yāvad eva anatthāya, ñattaṁ bālassa jāyati;**

hanti bālassa sukkaṁsaṁ, muddham assa vipātayaṁ.

支谦本：愚生念慮，至終無利，自招刀杖，報有印章。

今译：愚者反求知，分毫无义利，此智毁幸福，此智灭人身。

白译：The knowledge that a fool acquires, so far from profiting him, destroys his good fortune, nay, it cleaves his head.

白译汉译：愚者求得知识，不仅对自身不利，还会损其好运，更让他头破血流。

73. **Asantaṁ bhāvanam iccheyya, purekkhārañca bhikkhusu.**

Āvāsesu ca issariyaṁ, pūjā parakulesu ca.

支谦本：遠道近欲者，為食在學名，貪猗家居故，多取供異姓。

今译：愚者求虚名，愚者求头位，愚者求权势，愚者求礼待。

白译：Let the fool wish for a false reputation, for precedence among the monks, for lordship in the monasteries, for honour among other people.

白译汉译：就让愚者渴望虚名，渴望比丘中的高位，渴望寺院中的权力，渴望众人之中的荣誉。

74. **“Mam'eva kata maññantu, gihī pabbajitā ubho;**

Mam'ev'ātivasā assu, kiccākiccesu kismici." iti

bālassa saṅkappo, icchā māno ca vaḍḍhati.

支谦本：學莫墮二望，莫作家沙門，貪家違聖教，為後自匱乏。此行與愚同，但令欲慢增。

今译："万事出我手，万事由我行，在家与出家，均应如此想。"愚者如此思，贪嗔愈增长。

白译：'May both laymen and those who have left the world think that this is done by me; may they be subject to me in everything which is to be done or is not to be done': thus is the mind of the fool, and his desire and pride increase.

白译汉译：俗人和出家人都会想，"这事是我所为，事情应做与否，皆由我定"。——愚人心态如是，欲望与傲慢必涨。

75. **Aññā hi lābhūpanisā, aññā nibbānagāminī;**

evam etaṁ abhiññāya, bhikkhu buddhassa sāvako.

Sakkāraṁ nābhinandeyya, vivekam anubrūhaye.

支谦本：利求之願異，求道意亦異，是以有識者，出為佛弟子。棄愛捨世習，終不墮生死。

今译：一路通广财，一路通涅槃，佛弟子比丘，应当知此理，切勿恋人誉，反当求远离。

白译：One is the road that leads to wealth, another the road that leads to Nirvāna; if the monk, the disciple of Buddha, has learnt this he will not delight in the praise of men, he will strive after separation from the world.

白译汉译：一路通往财富，另一路通往涅槃；如果比丘作为佛陀的弟子知此，他就不会沉湎于人们的赞誉，他就会为超脱于世而奋力。

六　智者品（Paṇḍitavaggo） 14

76. **Nidhīnaṁ va pavattāraṁ yaṁ passe vajjadassinaṁ;**
niggayhavādiṁ medhāviṁ tādisaṁ paṇḍitaṁ bhaje,
tādisaṁ bhajamānassa seyyo hoti na pāpiyo.

支谦本：深觀善惡，心知畏忌，畏而不犯，終吉無憂。故世有福，念思紹行，善致其願，福祿轉勝。

今译：智者谴过失，彼能见其智，友之而从之，跟随此智者，珍怀大宝藏。彼友此智者，向善而避恶。

白译：If you see an intelligent man who detects faults and blames what is blame-worthy, follow that wise man as though he were a revealer of (hidden) treasures.[1]

白译汉译：如果你看到一个明智的人，他能够察觉过失，谴责那些应谴责之事，那就跟随这个智者，如同跟随（隐匿的）宝物的发现者。

---

[1] 白壁德此处漏译一句，巴利文及译文见约翰·卡特（John Carter）与马辛达·帕里哈瓦达纳（Mahinda Palihawadana）编著的《法句经译注》(*The Dhammapada: A New English Translation with the Pali Text and the First English Translation of the Commentary's Explanation of the Verses with Notes Translated from the Sinhala Sources and Critical Textual Comments*)，牛津大学出版社，1987年，第161页。

77. **Ovadeyyānusāseyya, asabbhā ca nivāraye;**

sataṁ hi so piyo hoti, asataṁ hoti appiyo.

支谦本：信善作福，積行不厭，信知陰德，久而必彰。

今译：智者应劝勉，智者应教诫，善人多敬爱，恶人多厌憎。

白译：Let him admonish, let him teach, let him forbid what is improper! — he will be beloved of the good, by the bad he will be hated.

白译汉译：让他对你告诫，对你教诲，制止你做不宜之事！——他会得到善者的眷爱，而被坏人所仇恨。

78. **Na bhaje pāpake mitte, na bhaje purisādhame;**

bhajetha mitte kalyāṇe, bhajetha purisuttame.

支谦本：常避無義，不親愚人，思從賢友，狎附上士。

今译：莫结交恶友，莫结交下人，宜交良嘉士，宜交上上人。

白译：Do not have evil-doers for friends, do not have low people for friends: have virtuous people for friends, have for friends the best of men.

白译汉译：不要与行恶者为友，不要与低级之人为伍。应与有德性者交友，和至佳之人交友。

79. **Dhammapīti sukhaṁ seti vippasannena cetasā.**

Ariyappavedite dhamme, sadā ramati paṇḍito.

支谦本：喜法臥安，心悅意清，聖人演法，慧常樂行。

今译：饮下法水者，心内明且净，听闻圣者法，智者常欢喜。

白译：He who drinks in the Law lives happily with a serene mind; the wise man ever rejoices in the Law as taught by the elect (Ariyas).

白译汉译：在法中浸淫的人，能得到宁静的心，能愉悦地生活；智者一直在法中浸淫，如同得到圣者的教诲。

80. **Udakaṁ hi nayanti nettikā, usukārā namayanti tejanaṁ.**

Dāruṁ namayanti tacchakā, attānaṁ damayanti paṇḍitā.

支谦本：弓工調角，水人調船，巧匠調木，智者調身。

今译：灌者引渠水，箭匠矫箭矢，木工绳曲木，智者正己心。

白译：Irrigators guide the water (wherever they like); fletchers bend the arrow; carpenters bend a log of wood; wise people fashion themselves.

白译汉译：灌溉者导引水流（到任何地方），造箭者矫正箭矢，木匠矫直木柱，而智者调适自己。

81. **Selo yathā ekaghano, vātena na samīrati;**

evaṁ nindāpasaṁsāsu, na samiñjanti paṇḍitā.

支谦本：譬如厚石，風不能移，智者意重，毀譽不傾。

今译：劲风难摧磐石，毁誉难倒智者。

白译：As a solid rock is not shaken by the wind, wise people falter not amidst blame and praise.

白译汉译：坚石不被风所撼动，智者不在责难与赞誉之间摇摆。

82. **Yathāpi rahado gambhīro, vippasanno anāvilo;**

evaṁ dhammāni sutvāna, vippasīdanti paṇḍitā.

支谦本：譬如深淵，澄靜清明，慧人聞道，心淨歡然。

今译：亦如大深潭，明净无浑浊，如是听闻法，智者心清澄。

白译：Wise people, after they have listened to the laws, become serene like a deep, clear and still lake.

白译汉译：智者在听闻法之后，会变得平静，像深沉、清澈且无澜的湖水。

83. **Sabbattha ve sappurisā cajanti, na kāmakāmā lapayanti santo. Sukhena phuṭṭhā atha vā dukhena na uccāvacaṁ paṇḍitā dassayanti.**

支谦本：大人體無欲，在所照然明，雖或遭苦樂，不高現其智。

今译：善人无牵绊，远欲离闲言，毁誉不为动，智者无喜忧。

白译：Good people walk on, whatever befall; the good do not prattle, longing for pleasure; whether touched by happiness or sorrow, wise people never appear elated or depressed.

白译汉译：无论失去什么，善者会一直走下去；他们不会说闲言，不会渴望欢愉；无论得到福乐还是遭受悲痛，智者从不趾高气昂或垂头丧气。

84. **Na attahetu na parassa hetu, na puttam icche na dhanaṁna raṭṭhaṁ. Na iccheyya adhammena samiddhim attano, sa sīlavā paññavā dhammiko siyā.**

支谦本：大賢無世事，不願子財國，常守戒慧道，不貪邪富貴。

今译：求子求财富，求国求功名，为己或为他，以上均不为，不以非法行，彼慧具戒行，是为正法身。

白译：If, whether for his own sake or for the sake of others, a man wishes neither for a son nor for wealth, nor for lordship, and if he does not wish for his own success by unfair means, then he is good, wise and upright.

白译汉译：不论是自己之故，还是他人之由，人如果不求嗣，不求财，也不求权，更不想用不义手段得到成功，那么他就是善的，有智且正直。

85. **Appakā te manussesu, ye janā pāragāmino;**
athāyaṁ itarā pajā, tīram ev'ānudhāvati.

支谦本：世皆没淵，尠尅度岸，如或有人，欲度必奔。

今译：人难达彼岸，鲜有成功者，余者独徘徊，难达彼岸界。

白译：Few are there among men who arrive at the other shore (become Arhats); the other people here merely run up and down the shore.

白译汉译：众生中鲜有人能到达彼岸（成为阿罗汉）；而其他人只是在岸边徘徊。

86. **Ye ca kho sammadakkhāte, dhamme dhammānuvattino,**
te janā pāram essanti, maccudheyyaṁ suduttaraṁ.

支谦本：誠貪道者，攬受正教，此近彼岸，脱死為上。

今译：闻听正法言，遵奉不相违，彼能达彼岸，渡难渡魔境。

白译：But those who, when the Law has been well preached to them, follow the Law, will reach the further shore of the dominion of death, hard to traverse though it be.

白译汉译：但是，谁得以妥善地受法并遵循此正法，谁就能到达死亡之界的彼岸，即使它难以跨越。

87. 88. **Kaṇhaṁ dhammaṁ vippahāya, sukkaṁ bhāvetha paṇḍito;**

okā anokaṁ āgamma, viveke yattha dūramaṁ.

Tatrābhiratim iccheyya, hitvā kāme akiñcano;

pariyodapeyya attānaṁ, cittaklesehi paṇḍito.

支谦本：斷五陰法，靜思智慧，不反入淵，棄猗其明。抑制情欲，絕樂無為，能自拯濟，使意為慧。

今译：智者弃黑法，修习白净法，有家至无家，常人以为恶，智者以为乐。捐弃淫欲念，万物不恃有，智者净己心，扫除诸尘垢。

白译：A wise man should leave the way of darkness and follow the way of light. After going from his home to the houseless state, he should in his retirement look for enjoyment where enjoyment is hard to find. Leaving all pleasure behind, and calling nothing his own, the wise man should purge himself from all the impurities of the heart.

白译汉译：智者当离暗途而随明道。离家而进入无家之境后，他当在独处中得到快乐，即使此乐难寻。将欢愉抛诸脑后，舍掉一切所有，智者应将自身洗涤，远离一切心灵的不纯粹。

89. **Yesaṁ sambodhiyaṅgesu, sammā cittaṁ subhāvitaṁ;**

ādānapaṭinissagge anupādāya ye ratā,

khīṇāsavā jutimanto, te loke parinibbutā.

支谦本：學取正智，意惟正道，一心受諦，不起為樂，漏盡習除，是得度世。

今译：定具七觉支，正法善修习，远离执着念，喜乐无所取，漏尽闪光耀，此世得涅槃。

白译：Those whose minds are well-grounded in the (seven) elements of knowledge, who rejoice in the renunciation of affections and in freedom from attachment, whose evil proclivities have been overcome and who are full of light, are completely liberated even in this world.

白译汉译：那些心灵在（七）觉支中得到安顿的人，那些捐弃情感和解脱依恋后得到欢喜的人，那些克服恶癖而充盈明亮的人，即使在此世，也会完全得以解脱。

七 阿罗汉品（Arahantavaggo）

90. **Gataddhino visokassa, vippamuttassa sabbadhi;**

sabbaganthappahīnassa, pariḷāho na vijjati.

支谦本：去離憂患，脱於一切，縛結已解，冷而無煖。

今译：行尽万里路，无悲大解脱，遍烧诸系缚，彼能无忧惧。

白译：There is no suffering for him who has finished his journey, and abandoned grief, who has freed himself on all sides, and thrown off all fetters.

白译汉译：人如果完成了行途，离弃了悲苦，解脱了所有，摆脱了一切枷锁，便没有苦痛。

91. **Uyyuñjanti satimanto, na nikete ramanti te;**

haṁsā va pallalaṁ hitvā, okamokaṁ jahanti te.

支谦本：心淨得念，無所貪樂，已度癡淵，如鴈棄池。

今译：具念离家去，心内大欢喜，如鹅离池沼，舍屋亦舍家。

白译：They depart with their thoughts well-collected, they do not delight in an abode; like swans who have left their lake, they leave their house and home.

白译汉译：他们带着正念出行，不会在任何居所行乐。他们如天鹅离开湖泊，离开了自己的住处和家园。

92. **Yesaṁ sannicayo natthi, ye pariññātabhojanā;**
suññato animitto ca, vimokkho yesaṁ gocaro,
ākāse va sakuntānaṁ, gati tesaṁ durannayā.

支谦本：量腹而食，無所藏積，心空無想，度眾行地。如空中鳥，遠逝無礙。

今译：身无积蓄，食无不知，空而无相，达成解脱，此境难得，如鸟游翱。

白译：Men who have laid up no store, who live on recognized food, who have perceived void and unconditional freedom, their path is difficult to understand, like that of birds in the air.

白译汉译：人如果没有囤积，依靠已知的粮食过活，识得空虚和无相之解脱，他的路途让人难以理解，如同空中的鸟儿。

93. **Yass'āsavā parikkhīṇā, āhāre ca anissito;**
suññato animitto ca, vimokkho yassa gocaro,
ākāse va sakuntānaṁ, padaṁ tassa durannayaṁ.

支谦本：世間習盡，不復仰食，虛心無患，已到脫處，譬如飛鳥，暫下輒逝。

今译：诸漏灭尽，食无贪餍，见空知无，达成解脱，其境难达，如鸟游翱。

白译：He whose appetites are stilled, who is moderate in food, who has perceived void and unconditional freedom, his path is difficult to understand like that of birds in the air.

白译汉译：人如果摒净欲望，节制进食，识得空虚和无相之解脱，他的路途让人难以理解，如同空中的鸟儿。

94. **Yass'indriyāni samathaṁ gatāni, assā yathā sārathinā sudantā.**
Pahīnamānassa anāsavassa, devāpi tassa pihayanti tādino.

支谦本：制根從正，如馬調御，捨憍慢習，為天所敬。

今译：六根得清净，如御者驭马，远离嗔无漏，天人亦羡之。

白译：The gods even envy him whose senses like horses well broken in by the driver, have been subdued, who is free from pride, and free from evil propensities.

白译汉译：人的诸根如同被驭者调驾好的马匹，能被节制，能够摆脱傲慢，脱离恶性，这样的话，神祇也会艳羡的。

95. **Paṭhavīsamo no virujjhati, indakhīlūpamo tādi subbato;**
rahado va apetakaddamo, saṁsārā na bhavanti tādino.

支谦本：不怒如地，不動如山，真人無垢，生死世絕。

今译：心中无愤恨，宽广如大地，心中大坚固，如因陀揭罗，心若广大池，无垢亦无尘，彼人无轮回。

白译：Such a man who does his duty is tolerant like the earth, like a stone set in a threshold; he is like a lake without mud; no new births are in store for him.

白译汉译：承此担者，会宽容如大地，如同嵌入门槛的坚石，如同无淖之湖泊。他再也不需要轮回转世。

96. **Santaṁ tassa manaṁ hoti, santā vācā ca kamma ca;**

sammadaññā vimuttassa, upasantassa tādino.

支谦本：心已休息，言行亦止，從正解脱，寂然歸滅。

今译：心中寂静，语业寂静，正智解脱，清净安定。

白译：His thought is quiet, quiet are his words and deed, when he has obtained freedom by true knowledge, when he has thus become a quiet man.

白译汉译：当人在真知中得到解脱，当他因此沉寂，他的思虑便会宁静，言行亦然。

97. **Assaddho akataññū ca, sandhicchedo ca yo naro;**

hatāvakāso vantāso, sa ve uttamaporiso.

支谦本：棄欲無着，缺三界障，婬意已絕，是謂上人。

今译：心不轻信，智慧涅槃，断了系缚，弃舍诸欲，彼乃上人。

白译：The man who is free from credulity, but knows the uncreated, who has cut all ties, removed all temptations, renounced all desires, he is the greatest of men.

白译汉译：一个人能抛弃轻信，但是能知晓未发生的事情，能斩断牵连，摒除诱惑，捐弃一切欲望，他必成至高之人。

98. **Gāme vā yadi vā'raññe, ninne vā yadi vā thale;**

yattha arahanto viharanti, taṁ bhūmiṁ rāmaṇeyyakaṁ.

支谦本：在聚若野，平地高岸，應真所過，莫不蒙祐。

今译：或村或林，或海或地，罗汉居之，欢喜无上。

17 白译：In a hamlet or in a forest, on the sea or on the dry land, wherever venerable persons (Arhats) dwell, that place is delightful.

白译汉译：在村庄里或森林中，在海上或是在旱漠，无论可敬之人(阿罗汉)所居何处，那个地方必让人喜悦。

99. **Ramaṇīyāni araññāni, yattha na ramati jano.**

Vītarāgā ramissanti, na te kāmagavesino.

支谦本：彼樂空閑，眾人不能，快哉無婬，無所欲求。

今译：林野甚可爱，世人无所知，居者离尘染，不寻诸欲乐。

白译：Forests are delightful; where the worldly find no delight, there the passionless will find delight, for they look not for pleasures.

白译汉译：树林让人喜悦。俗人觉得无乐可寻的地方，无激情的人却能在其中找到乐处，因为他们不图欢愉。

八　千品（Sahassavaggo） 18

100. **Sahassam api ce vācā, anatthapadasaṁhitā;**

ekam atthapadaṁ seyyo, yaṁ sutvā upasammati.

支谦本：雖誦千言，句義不正，不如一要，聞可滅意。

今译：经有千语长，若无点教益，亦不如一语，闻而得寂静。

白译：Even though a speech be composed of a thousand words, but words without sense, one word of sense is better, which if a man hears he becomes quiet.

白译汉译：一席话中容千言，言中却无义，不如一言有义更好；人能听之，必得平静。

101. **Sahassam api ce gāthā, anatthapadasaṁhitā;**

ekaṁ gāthāpadaṁ seyyo, yaṁ sutvā upasammati.

支谦本：雖誦千言，不義何益，不如一義，聞行可度。

今译：偈有千字长，若无点教益，亦不如一偈，闻而得寂静。

白译：Even though a stanza be composed of a thousand words but words without sense, one word of a stanza is better which if a man hears, he becomes quiet.

白译汉译：一偈诗中容千言，言中却无义，不如一偈有义更好；人能听之，必得平静。

102. **Yo ca gāthāsataṁ bhāse (opt.), anatthapadasaṁhitā;**

ekaṁ dhammapadaṁ seyyo, yaṁ sutvā upasammati.

支谦本：雖多誦經，不解何益，解一法句，行可得道。

今译：诵念百句偈，若无点教益，不如一法句，闻而得寂静。

白译：Though a man recite a hundred stanzas made up of senseless words, one word of the Law is better, which if a man hears, he becomes quiet.

白译汉译：人能诵即百偈，言中却无义，不如仅诵一句法言更好；人能听之，必得平静。

103. **Yo sahassaṁ sahassena, saṅgāme mānuse jine;**

ekañca jeyya-m-attānaṁ, sa ve saṅgāmajuttamo.

支谦本：千千為敵，一夫勝之，未若自勝，為戰中上。

今译：战而胜百人，战而胜百次，难媲克己者，彼人为最上。

白译：If one man conquer in battle a thousand times a thousand men, and if another conquers himself, he is the greatest of conquerors.

白译汉译：有的人能在战场上，战胜千人千次；而有的人能征服自己，他必成为胜者中的至人。

104. 105. **Attā have jitaṁ seyyo, yā c'āyaṁ itarā pajā;**

attadantassa posassa, niccaṁ saññatacārino.

N'eva devo na gandhabbo, na Māro saha Brahmunā;

jitaṁ apajitaṁ kayirā, tathārūpassa jantuno.

支谦本：自勝最賢，故曰人雄，護意調身，自損至終。雖曰尊天，神魔梵釋，皆莫能勝，自勝之人。

今译：克己胜克人，克己常止息[①]。天神乾闼婆，魔王与梵天，皆不能胜之。

白译：One's own self conquered is better than the conquest of all other people; not even a god or a demigod or Māra with Brahmā can change into defeat the victory of a man who has vanquished himself.

白译汉译：战胜自己，要好过战胜其他所有人；即便是神祇、半神，或是梵天与天魔，也不能打败那些克己者。

106. **Māse māse sahassena, yo yajetha sataṁ samaṁ;**

ekañca bhāvitattānaṁ, muhuttam api pūjaye,

sā yeva pūjanā seyyo, yañce vassasataṁ hutaṁ.

支谦本：月千反祠，終身不輟，不如須臾，一心念法，一念造福，勝彼終身。

今译：月月奉牺牲，千次万次繁，如若奉智者，虽是须臾间，胜祭祀百年。

白译：If a man for a hundred years sacrifice month after month at the cost of a thousand (pieces of money), and if he but for one moment pay homage to a man whose soul is grounded (in true

① 此句白壁德疑漏译。

knowledge), better is that homage than a sacrifice for a thousand years.

白译汉译：如果一个人能月复一月，奉献千金之价，费百年之时，而如果他能片刻奉献于一个灵魂（在真知中）安宁之人，这会好于持续千年的奉献。

107. **Yo ca vassasataṁ jantu, aggiṁ paricare vane;**
ekañca bhāvitattānaṁ, muhuttam api pūjaye,
sā yeva pūjanā seyyo, yañce vassasataṁ hutaṁ.

支谦本：雖終百歲，奉事火祠，不如須臾，供養三尊，一供養福，勝彼百年。

今译：林中祭祀火，一人奉百年，不如奉智者，胜祭祀百年。

白译：If a man for a hundred years tend the sacrificial fire in the forest, and if he but for one moment pay homage to a man whose soul is grounded (in true knowledge), better is that homage than sacrifice for a hundred years.

白译汉译：如果一个人在林中侍奉祀火百年有余，而如果他能片刻奉献于一个灵魂（在真知中）安宁之人，这会好于持续百年的奉献。

108. **Yaṁ kiñci yiṭṭhaṁ va hutaṁ va loke, saṁvaccharaṁ yajetha puññapekkho,**
sabbam pi taṁ na catubhāgam eti, abhivādanā ujjugatesu seyyo.

支谦本：祭神以求福，從後望其報，四分未望一，不如禮賢者。

今译：此世勤祭祀，施舍或供养，求福于来年，不及四分一，奉敬正直人。

白译：Whatever a man sacrifices in this world as an offering or as an 19
oblation for a whole year in order to gain merit — (all this) is not worth the fourth part of that better offering, reverence for the upright.

白译汉译：人将此世之物无论何物当作祭品或者奉献，供祀一年，以得好处，所得的一切，都比不上尊敬正直之人所收获的四分之一。

109. **Abhivādanasīlissa, niccaṁ vuḍḍhāpacāyino,**

cattāro dhammā vaḍḍhanti: āyu vaṇṇo sukhaṁ balaṁ.

支谦本：能善行禮節，常敬長老者，四福自然增，色力壽而安。

今译：好礼以为常，奉敬年长人，四法得增长，寿美乐与力。

白译：If a man has the habit of reverence and ever respects the aged, four things will increase to him: life, beauty, happiness, power.

白译汉译：如果人能养成侍奉、尊敬长者的习惯，四样事物将增益于他：生命、优美、欢乐，还有力量。

110. **Yo ca vassasataṁ jīve, dussīlo asamāhito;**

ekāhaṁ jīvitaṁ seyyo, sīlavantassa jhāyino.

支谦本：若人壽百歲，遠正不持戒，不如生一日，守戒正意禪。

今译：生有百年寿，焦躁难守戒，不如生一日，持戒修禅定。

白译：But whoso lives a hundred years, vicious and unrestrained — a life of one day is better if a man is virtuous and thoughtful.

白译汉译：如果人能有德而有思虑，一日之生也会好过生活百年却恶狠而无制。

111. **Yo ca vassasataṁ jīve, duppañño asamāhito;**

ekāhaṁ jīvitaṁ seyyo, paññavantassa jhāyino.

支谦本：若人壽百歲，邪僞無有智，不如生一日，一心學正智。

今译：生有百年寿，焦躁且无慧，不如生一日，具慧修禅定。

白译：And whoso lives a hundred years, foolish and uncontrolled — a life of one day is better if a man is wise and thoughtful.

白译汉译：如果人能有智而有思虑，一日之生也会好过生活百年却愚蠢而无节。

112. **Yo ca vassasataṁ jīve, kusīto hīnavīriyo;**

ekāhaṁ jīvitaṁ seyyo, viriyam ārabhato daḷhaṁ.

支谦本：若人壽百歲，懈怠不精進，不如生一日，勉力行精進。

今译：生有百年寿，懈惰无精进，不如生一日，坚固猛精进。

白译：And whoso lives a hundred years idle and weak, a life of one day is better if a man has attained firmness and strength.

白译汉译：如果人能坚韧而有力，一日之生也会好过生活百年却懈怠而羸弱。

113. **Yo ca vassasataṁ jīve, apassaṁ udayabbayaṁ;**

ekāhaṁ jīvitaṁ seyyo, passato udayabbayaṁ.

支谦本：若人壽百歲，不知成敗事，不如生一日，見微知所忌。

今译：生有百年寿，不见生与灭，不如生一日，得见生与灭。

白译：And whoso lives a hundred years not seeing beginning and end, a life of one day is better if a man sees beginning and end.

白译汉译：如果人能见到始与终，一日之生也会好过生活百年却不能看见生与死。

114. **Yo ca vassasataṁ jīve, apassaṁ amataṁ padaṁ;**
ekāhaṁ jīvitaṁ seyyo, passato amataṁ padaṁ.

支谦本：若人壽百歲，不見甘露道，不如生一日，服行甘露味。

今译：生有百年寿，不见不死道，不如生一日，得见不死道。

白译：And whoso lives a hundred years not seeing the immortal place, a life of one day is better if a man sees the immortal place.

白译汉译：如果人能见到不朽之所，一日之生也会好过生活百年却不能看见它。

115. **Yo ca vassasataṁ jīve, apassaṁ dhammam uttamaṁ;**
ekāhaṁ jīvitaṁ seyyo, passato dhammam uttamaṁ.

支谦本：若人壽百歲，不知大道義，不如生一日，學推佛法要。

今译：生有百年寿，不见至上法，不如生一日，得见至上法。

白译：And whoso lives a hundred years, not seeing the highest law — a life of one day is better if a man sees the highest law.

白译汉译：如果人能见到至上之法，一日之生也会好过生活百年却不能看见它。

九　恶品（Pāpavaggo）

116. **Abhittharetha kalyāṇe, pāpā cittaṁ nivāraye;**

dandhaṁ hi karoto puññaṁ, pāpasmiṁ ramatī mano.

支谦本：見善不從，反隨惡心，求福不正，反樂邪婬。

今译：应速为善行，遏止做恶心，迟慢心不决，喜恶意滋生。

白译：Let a man make haste to do good, let him restrain his thought from evil; if a man does what is good slothfully, his mind delights in evil.

白译汉译：要让人汲汲于行善，让他的思想远离罪恶；如果人惰于行善，他的心必喜于作恶。

117. **Pāpañce puriso kayirā, na naṁ kayirā punappunaṁ;**

na tamhi chandaṁ kayirātha, dukkho pāpassa uccayo.

支谦本：凶人行虐，沈漸數數，快欲為之，罪報自然。

今译：若有作恶人，莫使常为之，莫使心悦之，恶业结苦果。

白译：If a man commits a sin, let him not do it habitually; let him not rejoice therein; sorrow is the outcome of evil.

白译汉译：如果一个人犯了罪过，不要让他习以为常，别让他沉溺于其中。悲从恶中来。

118. **Puññañce puriso kayirā, kayirāth' enaṁ punappunaṁ;**

tamhi chandaṁ kayirātha, sukho puññassa uccayo.

支谦本：吉人行德，相隨積增，甘心為之，福應自然。

今译：若有作善人，常使勤为之，常使心悦之，善业结福果。

白译：If a man does what is good, let him do it habitually, let him rejoice therein; happiness is the outcome of good.

白译汉译：如果一个人行了善，让他习惯于此，让他沉浸于其中。喜从善中来。

119. **Pāpo pi passati bhadraṁ, yāva pāpaṁ na paccati;**

yadā ca paccati pāpaṁ, atha pāpo pāpāni passati.

支谦本：妖孽見福，其惡未熟，至其惡熟，自受罪虐。

今译：苦果尚未结，恶人见喜乐，及到恶果结，恶人见苦涩。

白译：Even an evil-doer sees happiness as long as his evil deed has not ripened; but when his evil deed has ripened, then does the evil-doer see evil.

白译汉译：只要恶行未成熟，行恶者就还会以之为乐；但当恶事成熟时，行恶者就会看到恶了。

120. **Bhadro pi passati pāpaṁ, yāva bhadraṁ na paccati;**

yadā ca paccati bhadraṁ, atha bhadro bhadrāni passati.

支谦本：貞祥見禍，其善未熟，至其善熟，必受其福。

今译：福果尚未结，善人见苦涩，及到善果结，善人见福乐。

白译：Even a good man sees evil as long as his good deed has not ripened; but when his good deed has ripened, then does the good man see happiness.

白译汉译：只要善事未成熟，即使行善者也会以之为恶；但当善事成熟时，行善者就会看到善了。

121. **Māvamaññetha pāpassa, "Na man taṁ āgamissati,"**
udabindunipātena, udakumbho pi pūrati,
bālo pūrati pāpassa, thokathokam pi ācinaṁ.

支谦本：莫輕小惡，以為無殃，水滴雖微，漸盈大器，凡罪充滿，從小積成。

今译：莫以恶为小，思忖恶难至，滴水满陶钵，愚人恶贯盈，点滴集聚成。

白译：Let no man think lightly of evil, saying in his heart, It will not come nigh unto me. Even by the falling of water-drops a water-pot is filled; the fool becomes full of evil, even if he gather it little by little.

白译汉译：不要看轻恶而在心里说道："它靠近不了我。"即使是水滴也会盈满水壶；愚者会恶贯满盈，即使他只是点滴积累。

122. **Māvamaññetha puññassa, "Na man taṁ āgamissati,"**
udabindunipātena, udakumbho pi pūrati,
dhīro pūrati puññassa, thokathokam pi ācinaṁ.

支谦本：莫輕小善，以為無福，水滴雖微，漸盈大器，凡福充滿，從纖纖積。

今译:莫以善为小,思忖善难至,滴水满陶钵,智者善至成,点滴积聚成。

白译: Let no man think lightly of good, saying in his heart, It will not come nigh unto me. Even by the falling of water-drops a water-pot is filled; the steadfast man becomes full of good, even if he gather it little by little.

白译汉译: 不要看轻善而在心里说道:"它靠近不了我。"即使是水滴也会盈满水壶;坚毅者会积满善,即使他只是点滴积累。

123. **Vāṇijo va bhayaṁ maggaṁ, appasattho mahaddhano;**
visaṁ jīvitukāmo va, pāpāni parivajjaye.

支谦本:伴少而貨多,商人怵惕懼,嗜欲賊害命,故慧不貪欲。

今译:独行而大财,避行险难路,又如避毒品,应使避恶行。

白译: Let a man avoid evil deeds, as a merchant who has few companions and carries much wealth, avoids a dangerous road; as a man who loves life avoids poison.

白译汉译:要避免恶行,像少伴而多资的商贾那样,规避险路,像爱惜生命的人那样,避触毒物。

124. **Pāṇimhi ce vaṇo nāssa, hareyya pāṇinā visaṁ;**
nābbaṇaṁ visam anveti, natthi pāpaṁ akubbato.

《出曜经》:有身無瘡疣,不為毒所害,毒無奈瘡何,無惡無所造。

今译:手若无创,持毒无恙,身不作恶,则无有恶。

21 白译：He who has no wound on his hand may touch poison with his hand; poison does not affect one who has no wound; nor is there evil for one who does not commit evil.

白译汉译：手上无伤者，也许会用手触碰毒物。毒物不会对无伤者起作用。不作恶者，就没有恶。

125. **Yo appaduṭṭhassa narassa dussati, suddhassa posassa anaṅgaṇassa, tam eva bālaṁ pacceti pāpaṁ, sukhumo rajo paṭivātaṁ va khitto.**

支谦本：加惡誣罔人，清白猶不污，愚殃反自及，如塵逆風坌。

今译：身犯无邪者，清净无垢染，恶降愚人神，如逆风扬尘。

白译：Whosoever offends a harmless, pure and innocent person, the evil falls back upon that fool, like light dust thrown up against the wind.

白译汉译：谁冒犯了无害、纯洁而无辜的人，必遭受恶的降临，如轻尘逆风而行。

126. **Gabbham eke uppajjanti, nirayaṁ pāpakammino;**
saggaṁ sugatino yanti, parinibbanti anāsavā.

支谦本：有識墮胞胎，惡者入地獄，行善上昇天，無為得泥洹。

今译：果报有判别，或投母胎中，作恶坠地狱，行善入于天，漏尽入涅槃。

白译：Some people are born again; evil-doers go to hell; righteous people go to heaven; those who are free from all evil propensities attain Nirvāna.

白译汉译：有的人会重生，而作恶者会落入地狱，正直者升天。人解脱于恶的趋向，必得以涅槃。

127. **Na antalikkhe na samuddamajjhe, na pabbatānaṁ vivaraṁ pavissa,**

na vijjatī so jagatippadeso, yatthaṭṭhito muñceyya pāpakammā.

支谦本：非空非海中，非隱山石間，莫能於此處，避免宿惡殃。

今译：苍穹与大海，深山窟洞中，恶人逃恶果，世间实难觅。

白译：Not in the sky, not in the midst of the sea, not if one enters into the clefts of the mountains, is there known a spot in the whole world, where if a man abide, he might be freed from an evil deed.

白译汉译：不在天上，也不在海中，即便深入山间裂谷，在这世上也没有一处为人所知的地方，人若栖之，可脱恶行。

128. **Na antalikkhe na samuddamajjhe, na pabbatānaṁ vivaraṁ pavissa,**

na vijjati so jagatippadeso, yatthaṭṭhitaṁ na-ppasahetha maccu.

支谦本：非空非海中，非入山石間，無有地方所，脫之不受死。

今译：苍穹与大海，深山洞窟中，寻求不死地，世间实难觅。

白译：Not in the sky, not in the midst of the sea, not if one enters into the clefts of the mountains, is there known a spot in the whole world where if a man abide, death could not overcome him.

白译汉译：不在天上，也不在海中，即便深入山间裂谷，在这世上也没有一处为人所知的地方，人若栖之，可免于被死亡吞噬。

十　刀杖品（Daṇḍavaggo）

129. **Sabbe tasanti daṇḍassa, sabbe bhāyanti maccuno;**

attānaṁ upamaṁ katvā na haneyya na ghātaye.

支谦本：一切皆懼死，莫不畏杖痛，恕己可為譬，勿殺勿行杖。

今译：世人惧刀杖，皆恐入死境，以己度他人，切莫杀与害[1]。

白译：All men tremble at punishment, all men fear death; remembering that thou art like unto them, do not strike or slay.

白译汉译：人都因受刑而战栗，人都惧怕死亡。记住你和他们一样，不要唆使行凶，也不要自己行凶。

130. **Sabbe tasanti daṇḍassa, sabbesaṁ jīvitaṁ piyaṁ;**

attānaṁ upamaṁ katvā na haneyya na ghātaye.

今译：世人惧刀杖，皆爱惜肉身，以己度他人，切莫杀与害。

白译：All men tremble at punishment, all men love life; remembering that thou art like unto them, do not strike or slay.

白译汉译：人都因受刑而战栗，人都爱惜生命。记住你和他们一样，不要唆使行凶，也不要自己行凶。

---

① 最后一句对应原文为na haneyya na ghātaye，意为“莫要亲手杀人，或唆使他人杀人”。

131. **Sukhakāmāni bhūtāni, yo daṇḍena vihiṁsati;**

attano sukham esāno, pecca so na labhate sukhaṁ.

《出曜经》：善樂於愛欲，以杖加群生，於中自求安，後世不得樂。

今译：有情皆欲乐，若以刀杖取，但求为自己，死后难有乐。

白译：He who, seeking his own happiness, injures or kills beings who long for happiness, will not find happiness after death.

白译汉译：人要是在追求自身幸福的时候，伤害其他渴望幸福的生灵，他在身后也不会得到幸福。

132. **Sukhakāmāni bhūtāni, yo daṇḍena na hiṁsati;**

attano sukham esāno, pecca so labhate sukhaṁ.

支谦本：能常安群生，不加諸楚毒，現世不逢害，後世長安隱。

今译：有情皆欲乐，不以刀杖取，但求为自己，死后必有乐。

白译：He who, seeking his own happiness, does not injure or kill beings who also long for happiness, will find happiness after death.

白译汉译：人要是在追求自身幸福的时候，不伤害其他人渴望幸福的生灵，他身后会得到幸福。

133. **Māvoca pharusaṁ kañci, vuttā paṭivadeyyu taṁ;**

dukkhā hi sārambhakathā, paṭidaṇḍā phuseyyu taṁ.

支谦本：不當麤言，言當畏報，惡往禍來，刀杖歸軀。

今译：切莫言粗语，人将还报之，怒言生苦果，招有灾祸至。

白译：Do not speak harshly to anybody; those who are spoken to will answer thee in the same way. Angry speech breeds trouble, thou wilt receive blows for blows.

白译汉译：不要对任何人出言苛刻。你对别人言语不逊，别人也会对你如此。愤言会滋蔓困苦，你会遭受以牙还牙。

134. **Sace neresi attānaṁ, kaṁso upahato yathā,**

esa patto si nibbānaṁ, sārambho te na vijjati.

支谦本：出言以善，如叩鐘磬，身無論議，度世則易。

今译：汝自默识之，哑然若破锣，达至涅槃境，争讼自难寻。

白译：If like a shattered gong, thou speakest not, then thou hast reached Nirvāna, contention is not found in thee.

白译汉译：如果你缄默，如沉寂的碎锣，你便达到了涅槃，激争也对你无妨。

135. **Yathā daṇḍena gopālo, gāvo pājeti gocaraṁ;**

evaṁ jarā ca maccu ca āyuṁ pājenti pāṇinaṁ.

支谦本：譬人操杖，行牧食牛，老死猶然，亦養命去。

今译：牧者杖牲畜，驱牛至牧场，老与死亦然，驱赶众有情。

白译：As a cowherd with his staff drives his cows to pasture, so do Old Age and Death drive the life of men.

白译汉译：如同牧人用木杖驱赶牛群到牧场，年老与死亡也会这样驱赶人的生命。

136. **Atha pāpāni kammāni, karaṁ bālo na bujjhati;**

sehi kammehi dummedho, aggidaḍḍho va tappati.

支谦本：愚惷作恶，不能自解，殃追自焚，罪成熾燃。

今译：愚者造恶业，浑然不自知，恶业自有报，如火焚灭身。

白译：A fool does not know when he commits his evil deeds; but the stupid man is consumed by his own deeds, as if burnt by fire.

白译汉译：一个蠢人并不晓得他何时犯下恶行，但是愚人会被他的行为所吞噬，如同被火吞没。

137. **Yo daṇḍena adaṇḍesu, appaduṭṭhesu dussati;**

dasannam aññataraṁ ṭhānaṁ, khippam eva nigacchati:

支谦本：枉杖良善，妄讒無罪，其殃十倍，災迅無赦。

今译：以杖对无杖，击伤无辜人，十事中一种，自会接踵至。

白译：He who inflicts punishment on those who deserve it not and offends against the innocent will soon come to one of these ten states:

白译汉译：一个人要是将惩罚施加在不该罚的人身上，还冒犯无辜者，便会很快遇到以下十种情况之一：

138. **Vedanaṁ pharusaṁ jāniṁ, sarīrassa ca bhedanaṁ,**

garukaṁ vāpi ābādhaṁ, cittakkhepaṁ va pāpuṇe,

支谦本：生受酷痛，形體毁折，自然惱病，失意恍惚。

今译：或有苦痛，或丧钱财，或遭截肢，或遇沉疴，或罹癫患。

白译：He will have cruel suffering, infirmity or injury of the body, heavy affliction or loss of mind,

白译汉译：他们将遭遇残酷，身上的病痛或者伤痛，心上的折磨或狂躁；

139. **Rājato vā upasaggaṁ, abbhakkhānaṁ va dāruṇaṁ,**

parikkhayaṁ va ñātīnaṁ, bhogānaṁ va pabhaṅguraṁ,

支谦本：人所誣咎，或縣官厄，財產耗盡，親戚離別。

今译：或为王害，或陷诬告，或丧亲友，或家遭破败。

23 白译：Or a misfortune coming from the King, or a fearful accusation, or death of kin, or loss of treasures,

白译汉译：或者遭难于王者，受到骇人的控告，亲人逝去，资财失散；

140. **Atha vā'ssa agārāni, aggi ḍahati pāvako,**

kāyassa bhedā duppañño, nirayaṁ so'papajjati.

支谦本：舍宅所有，災火焚燒，死入地獄，如是為十。

今译：或房屋为劫火所烧，愚者身亡而堕于地狱。

白译：Or lightning fire will burn his houses, and upon the dissolution of his body the fool will go to hell.

白译汉译：抑或生火时让房屋燃着，在身躯朽烂之后落入地狱。

141. **Na naggacariyā na jaṭā na paṅkā, nānāsakā thaṇḍilasāyikā vā,**

rajo va jallaṁ ukkuṭikappadhānaṁ, sodhenti maccaṁ avitiṇṇakaṅkhaṁ.

支谦本：雖裸剪髮，被服草衣，沐浴踞石，奈疑結何。

今译：裸身结发，涂泥禁食，卧踞沾尘，心若有疑，难得清净。

白译：Not nakedness, not matted locks, not dirt, not fasting, or sleeping on the bare earth, not rubbing with dust, not sitting motionless can purify a mortal who has not overcome his doubts.

白译汉译：无论是赤身，还是束发；无论是泥淖涂身，还是绑起头发；

无论是卧在平地，还是抹上尘土，还是静坐；都不能净化一个没有摆脱疑虑的凡人。

142. **Alaṅkato ce pi samaṁ careyya, santo danto niyato brahmacārī, sabbesu bhūtesu nidhāya daṇḍaṁ, so brāhmaṇo so samaṇo sa bhikkhu.**

支谦本：自嚴以修法，滅損受淨行，杖不加群生，是沙門道人。

今译：身纵着华服，心中若寂静，调伏而克己，意决修梵行，不以刀杖害，相侵诸有情，彼为婆罗门，彼为真沙门，彼为真比丘。

白译：He who, though richly adorned, exercises tranquillity, is quiet, subdued, restrained, chaste, and has ceased to injure all other beings, is indeed a Brahman, an ascetic, a friar.

白译汉译：虽有华美的修饰，但是人能够修静，便可以沉寂、克制、有节、返朴，还能不再伤害其他生灵，真正成为婆罗门，成为沙门，成为比丘。

143. **Hirīnisedho puriso koci lokasmiṁ vijjati;**
yo nindaṁ apabodheti, asso bhadro kasām iva.

支谦本：世儻有人，能知慚愧，是名誘進，如策良馬。

今译：人为愧惭禁，世人罕见之，彼知避责难，如良驹避鞭。

白译：Is there in this world a man so restrained by modesty that he bears reproof, as a well-trained horse the whip?

白译汉译：世上是否有人因谦逊而变得节制，他堪受责备，如同良驹忍耐鞭笞？

144. **Asso yathā bhadro kasāniviṭṭho, ātāpino saṁvegino bhavātha; saddhāya sīlena ca viriyena ca, samādhinā dhammavinicchayena ca. Sampannavijjācaraṇā patissatā, jahissatha dukkham idaṁ anappakaṁ.**

支谦本：如策善馬，進道能遠，人有信戒。定意精進，受道慧成，便滅眾苦。

今译：良驹遇策鞭，奋勉心震动，信戒与精进，安定正法行，完具明与行，汝当消诸苦。

白译：Like a well-trained horse when touched by the whip, be ye ardent and active; by faith, by virtue, by energy, by meditation, by discernment of the Law, you will cast off this heavy burden of grief, perfect in knowledge and in behaviour and ever heedful.

白译汉译：要像良驹那样，热忱而有力。凭信念，凭德性，凭精力，凭静思，凭对法的洞察，你能够抛掉悲恸的包袱，精于知行，永远留心。

145. **Udakaṁ hi nayanti nettikā, usukārā namayanti tejanaṁ. Dāruṁ namayanti tacchakā, attānaṁ damayanti subbatā.**

支谦本：弓工調角，水人調船，巧匠調木，智者調身。

今译：灌者引渠水，箭匠矫箭矢，木工绳曲木，贤者正己心。

白译：Irrigators guide the water (wherever they like); fletchers bend the arrow; carpenters bend a log of wood; good people fashion themselves.

白译汉译：灌溉者导引水流（到任何地方），造箭者矫正箭矢，木匠矫直木柱，而好人修养自身。

十一　老品（Jarāvaggo） 24

146. **Ko nu hāso kim ānando, niccaṁ pajjalite sati.**

Andhakārena onaddhā, padīpaṁ na gavessatha?

支谦本：何喜何笑，命常熾然，深弊幽冥，不如求錠。

今译：常在燃烧中，何故欢且笑？常在幽暗中，何不寻光明？

白译：How is there laughter, how is there joy, as this world is always burning? Why do ye not seek a light, ye who are shrouded in darkness?

白译汉译：这个世界一直在烈火中烧，怎么还有笑声，怎么还有欢乐？困在黑暗之中时，为什么不去找寻光明？

147. **Passa cittakataṁ bimbaṁ, arukāyaṁ samussitaṁ;**

āturaṁ bahusaṅkappaṁ yassa n'atthi dhuvaṁ ṭhiti.

支谦本：見身形範，倚以為安，多想致病，豈知非真。

今译：观此粉墨身，疮痛布满身，疾病空多欲，实实难永存。

白译：Look at this painted image, covered with wounds, huddled together, sickly, which has no strength, no hold!

白译汉译：看到这绘制出来的景象，布满疮痍，堆垒一起，病痛横行。人无力反抗，又无所凭依！

148. **Parijiṇṇaṁ idaṁ rūpaṁ, roganiḍḍhaṁ pabhaṅguraṁ,**

bhijjati pūtisandeho, maraṇantaṁ hi jīvitaṁ.

支谦本：老則色衰，病無光澤，皮緩肌縮，死命近促。

今译：形相衰且老，身为疾病薮，腐朽摧枯骨，寿尽死相随。

白译：This body is wasted, frail, a nest of disease; this heap of corruption breaks to pieces, life indeed ends in death.

白译汉译：躯体注定被遗弃，注定要羸弱，它是一张病痛之网。腐朽的堆物终会零碎，生命终将归于一死。

149. **Yān' imāni apatthāni, alāpūn' eva sārade.**

Kāpotakāni aṭṭhīni, tāni disvāna kā rati?

支谦本：身死神徒，如御棄車，肉消骨散，身何可怙。

今译：飒飒秋风吹，葫芦弃不顾，颜色枯尽褐，观之有何乐？

白译：Those bleaching bones, like gourds thrown away in the autumn, what pleasure is there in looking at them?

白译汉译：褪色的骨头，如被弃置在秋风中的瓜瓢，看到这些还有什么乐趣可言？

150. **Aṭṭhīnaṁ nagaraṁ kataṁ, maṁsalohitalepanaṁ;**

yattha jarā ca maccu ca māno makkho ca ohito.

支谦本：身為如城，骨幹肉塗，生至老死，但藏恚慢。

今译：城池骨为基，涂以血与肉，老死慢与欺，存身藏内里。

白译：After a stronghold has been made of the bones, it is covered with flesh and blood, and there dwell in it old age and death, pride and deceit.

白译汉译：营垒就算能用骨骸筑起，也会被血肉覆盖。那里藏着老去和死亡、傲慢与虚伪。

151. **Jīranti ve rājarathā sucittā, atho sarīram pi jaraṁ upeti.**

Satañа dhammo na jaraṁ upeti, santo have sabbhi pavedayanti.

支谦本：老則形變，喻如故車，法能除苦，宜以力學。

今译：华车必枯朽，此身亦如是，善法则不然，善人口中传。

白译：The brilliant chariots of kings wear away, the body likewise waxes old, but the virtue of good people knows not age, — thus do the good say to the good.

白译汉译：国王的豪乘会被磨蚀，躯体同样也会衰老，但是善人之德不知岁月流逝——善人都如此相告。

152. **Appassut'āyaṁ puriso, balivaddo va jīrati.**

Maṁsāni tassa vaḍḍhanti, paññā tassa na vaḍḍhati.

支谦本：人之無聞，老若特牛，但長肌肥，無有智慧。

今译：孤陋愚笨人，年老如耕牛，徒增皮肉相，智慧不相随。

白译：A man who has learnt little, grows old like an ox; his flesh grows but his knowledge does not grow.

白译汉译：人所知甚少，会如牛一样老去，他只是增长了血肉，而知识却不见增加。

153. 154. **Anekajātisaṁsāraṁ sandhāvissaṁ anibbisaṁ,**

gahakārakaṁ gavesanto, dukkhā jāti punappunaṁ.

Gahakāraka diṭṭho si, puna gehaṁ na kāhasi;

sabbā te phāsukā bhaggā, gahakūṭaṁ visaṅkhitaṁ;

visaṅkhāragataṁ cittaṁ, taṇhānaṁ khayam ajjhagā.

支谦本：生死無聊，往來艱難，意猗貪身，生苦無端。慧以見苦，是故棄身，滅意斷行，愛盡無生。

今译：轮回复轮回，苦寻造屋人，徒手无所见，但有苦相随。既见造物人，切莫再营造，椽桷皆摧毁，栋梁亦不存，心若达离行，诸欲已灭尽。

白译：Looking for the maker of this tabernacle I ran to no avail through a round of many births; and wearisome is birth again and again. But now, maker of the tabernacle, thou hast been seen; thou shalt not rear this tabernacle again. All thy rafters are broken, thy ridge-pole is shattered; the mind approaching the Eternal, has attained to the extinction of all desires.

白译汉译：为了寻找造房者，我徒劳地轮回转世了一次又一次，而苦难也是轮回了一世又一世。但是造屋者呀，都见到你了，你又不再操持建房子了。你的椽子都破了，栋梁也弯折了。心里消散了一切欲望，接近了永恒。

155. **Acaritvā brahmacariyaṁ, aladdhā yobbane dhanaṁ,**

jiṇṇakoñcā va jhāyanti, khīṇamacche va pallale.

支谦本：不修梵行，又不富財，老如白鷺，守伺空池。

今译：少壮不修梵，亦无所聚财，如池边老鹭，无鱼而萎遁。

白译：Men who have not led a religious life and have not laid up treasure in their youth, perish like old herons in a lake without fish. 25

白译汉译：人年轻时要是不修梵行又不积聚资财，老时会像湖中老鹭没有鱼吃。

156. **Acaritvā brahmacariyaṁ, aladdhā yobbane dhanaṁ,**
senti cāpātikhīṇā va, purāṇāni anutthunaṁ.

支谦本：既不守戒，又不積財，老羸氣竭，思故何逮。

今译：少壮不修梵，亦无所聚财，如墙上断弓，徒有旧日情。

白译：Men who have not lived a religious life, and have not laid up treasure in their youth lie like worn-out bows, sighing after the past.

白译汉译：人年轻时要是不修梵行又不积聚资财，老时便如同用旧的弓，为过往而哀叹。

十二 己品（Attavaggo）

157. **Attānañce piyaṁ jaññā, rakkheyya naṁ surakkhitaṁ;**

tiṇṇaṁ aññataraṁ yāmaṁ, paṭijaggeyya paṇḍito.

支谦本：自愛身者，慎護所守，悕望欲解，學正不寐。

今译：若人爱自己，当护持己心，三时中一时，智者醒警惕。

白译：If a man hold himself dear, let him guard himself carefully; during one at least of the three watches of the night a wise man should keep vigil.

白译汉译：如果一个人爱惜自己，那就让他好好保护自身。至少在夜间三时中的一时里，智者应该保持警惕。

158. **Attānam eva paṭhamaṁ, patirūpe nivesaye,**

ath' aññam anusāseyya, na kilisseyya paṇḍito.

支谦本：為身第一，常自勉學，利乃誨人，不惓則智。

今译：智者先定己，正己于正道，然后教育人，智者方无过。

白译：Let each man establish himself first in the way he should go, then let him teach others; (so doing) the wise man will have no cause to grieve.

白译汉译：让每个人先将自己立于正道，再去教诲他人。（这样做的话）智者才没有悲恸的理由。

159. **Attānañce tathā kayirā, yath'āññam anusāsati,**

sudanto vata dametha, attā hi kira duddamo.

支谦本：學先自正，然後正人，調身入慧，必遷為上。

今译：若欲为人师，必先自行之，自制能制人，克己实最难。

白译：If a man make himself as he teaches others to be, then being himself well subdued, he may subdue (others); one's own self is indeed difficult to subdue.

白译汉译：一个人如果教别人怎么做，自己也怎么做，那么他既能克制自己，也能（教别人）克制。一个人的自我是很难克制的。

160. **Attā hi attano nātho, ko hi nātho paro siyā;**

attanā hi sudantena, nāthaṁ labhati dullabhaṁ.

支谦本：身不能利，安能利人，心調體正，何願不至。

今译：自为自主，别而无他，慑服自我，证得涅槃。

白译：Self is the lord of self, who else could be the lord? With self well subdued, a man finds a lord difficult to find.

白译汉译：自身是自身的主宰，还有谁能做此主宰？自我能够得到很好的节制，人就会觉得主宰难寻。

161. **Attanā va kataṁ pāpaṁ, attajaṁ attasambhavaṁ;**

abhimatthati dummedhaṁ, vajiraṁ v'asmamayaṁ maṇiṁ.

支谦本：本我所造，後我自受，為惡自更，如鋼鑽珠。

今译：恶业由己作，恶业由己生，恶业摧愚者，金刚碾宝石。

白译：The evil done by oneself, self-begotten, self-nursed, crushes the foolish, even as a diamond grinds a hard gem.

白译汉译：愚人自己作的恶，自己所造，自己所得，会挫折自己，甚如金刚石碾碎硬宝石。

162. **Yassa accantadussīlyaṁ, māluvā sālam iv' otthataṁ;**
karoti so tath' attānaṁ, yathā naṁ icchati diso.

支谦本：人不持戒，滋蔓如藤，逞情極欲，惡行日增。

今译：藤蔓绕沙罗，遮天又蔽日，恶业亦如是，摧杀愚者身，徒令仇者喜。

白译：Even as a creeper over-spreads (and drags down) a Sal tree, so a man's wickedness, when it is very great, brings him to that state where his enemy wishes him to be.

白译汉译：如同藤萝覆盖（还拽倒）了沙罗树，人的恶业，当其膨胀，会将他带到仇人所期望的境地。

163. **Sukarāni asādhūni, attano ahitāni ca;**
yaṁ ve hitañca sādhuñca, taṁ ve paramadukkaraṁ.

支谦本：惡行危身，愚以為易，善最安身，愚以為難。

今译：恶业属最易，于人无所益，善业属最难，于人利与益。

白译：Bad deeds and deeds harmful to ourselves are easy to do; what is salutary and good, that is very difficult to do.

白译汉译：行恶与害己，容易为之；得敬和行善，方难做到。

164. **Yo sāsanaṁ arahataṁ, ariyānaṁ dhammajīvinaṁ;**

paṭikkosati dummedho, diṭṭhiṁ nissāya pāpikaṁ,

phalāni kaṭṭhakasseva, attaghaññāya phallati.

支谦本：如真人教，以道活身，愚者嫉之，見而為惡，行惡得惡，如種苦種。

今译：愚者轻教诲，尊者与罗汉，恶业有恶果，终究自毁灭，如同芦苇草。

白译：The foolish man who scorns the teaching of the saintly, of the noble, of the virtuous, and follows false doctrine, bears fruit to his own destruction, like the Katthaka reed.

白译汉译：圣者、高洁者和有德者施以教诲，愚者蔑视之，听从错误的教说，他会承受其破坏行为的恶果，如同芦苇草。

165. **Attanā va kataṁ pāpaṁ, attanā saṁkilissati;**

attanā akataṁ pāpaṁ, attanā va visujjhati;

suddhī asuddhī paccattaṁ nāñño aññaṁ visodhaye.

支谦本：惡自受罪，善自受福，亦各須熟，彼不相代。

今译：恶业由己造，恶业由己染，为己不作恶，清净亦归己，①清净与恶业，自有己之分。

白译：By oneself the evil is done, by oneself one is defiled. Purity and 27
impurity belong to oneself, no one can purify another.

白译汉译：自己作恶，自己行污。纯净与否都是自己的事务，谁也无

---

① 这两句白壁德漏译。

法纯化他人。

166. **Attadatthaṁ paratthena, bahunā pi na hāpaye;**
attadattham abhiññāya, sadatthapasuto siyā.

支谦本：自利利人，益而不費，欲知利身，戒聞為最。

今译：莫因利他事，忘忽己义利，明辨己利者，为利更恒定。①

白译：Let no one forget his own good for the sake of another's, however great; let a man, after he has discerned what this good is, be ever intent upon it.

白译汉译：谁也不要因为他人之故，而忘了自己的善，无论善之大小；在洞察了善为何物之后，人应该对它永远执着。

① 参“古之学者为己，今之学者为人”与“唯仁者能好人，能恶人”两句。

十三　世品（Lokavaggo） 28

167. **Hīnaṁ dhammaṁ na seveyya, pamādena na saṁvase;**

micchādiṭṭhiṁ na seveyya, na siyā lokavaḍḍhano.

支谦本：不親卑漏法，不與放逸會，不種邪見根，不於世長惡。

今译：莫近卑劣法，莫任放逸行，莫随诸邪见，莫为世俗友[①]。

白译：Do not follow the evil law! Do not live on in thoughtlessness! Do not follow false doctrines! Be not a friend of the world.

白译汉译：切勿随恶法！不要再在放逸中生活！不要跟从错误的教说！莫要与世俗为伍。

168. 169. **Uttiṭṭhe na-ppamajjeyya, dhammaṁ sucaritaṁ care.**

Dhammacārī sukhaṁ seti, asmiṁ loke paramhi ca.

Dhammaṁ care sucaritaṁ, na naṁ duccaritaṁ care.

Dhammacārī sukhaṁ seti, asmiṁ loke paramhi ca.

《出曜经》：隨時不興慢，快習於善法，善法善安寐，今世亦後世。支谦本：順行正道，勿隨邪業，行住臥安，世世無患。

今译：奋勉莫放逸，遵奉善行法，善人常喜乐，此生与来世。遵奉善法

---

① 对应原文为lokavaḍḍhano，指增长世俗，意为堕入轮回。

行，切勿为恶行，善人常喜乐，此生与来世。[1]

白译：Rouse thyself! Do not be idle! Follow the path of righteousness and shun transgression. The righteous man rests in bliss, in this world and in the next.

白译汉译：激奋自己！不要闲荡！依循正道，避免违逆。正义之人在福佑中憩息，在此世如此，在后世也如此。

170. **Yathā bubbuḷakaṁ passe, yathā passe marīcikaṁ;**

evaṁ lokaṁ avekkhantaṁ, maccurājā na passati.

支谦本：萬物如泡，意如野馬，居世若幻，奈何樂此。

今译：此世如泡影，此世若蜃幻，若作如是观，死王不相见。

白译：Look upon the world as a bubble, look upon it as a mirage: the king of death does not see him who thus looks down upon the world.

白译汉译：将这个世界看成泡沫，将它看成蜃景。人如此俯瞰世界，死王是不会盯上他的。

171. **Etha passath imaṁ lokaṁ, cittaṁ rājarathūpamaṁ;**

yattha bālā visīdanti, natthi saṅgo vijānataṁ.

支谦本：如是當觀身，如王雜色車，愚者所染著，智者遠離之。

今译：来观此世界，如瞻王华车，愚者自沉溺，智者不执着。

白译：Come, look at this glittering world, like unto a royal chariot; the

---

① 此句白壁德漏译。

foolish are immersed in it, but the discerning do not cling to it.

白译汉译：来呀，看这闪烁的世界，如同看御驾；愚者沉浸于其中，但有洞见者不会执着。

172. **Yo ca pubbe pamajjitvā, pacchā so na-ppamajjati;**
so maṁ lokaṁ pabhāseti, abbhā mutto va candimā.

支谦本：若前放逸，後能自禁，是照世間，念定其宜。

今译：改过放逸行，精进不复前，光曜此世间，如月出云翳。

白译：He who was formerly slothful and afterwards overcomes his sloth, brightens up this world, like the moon when freed from clouds.

白译汉译：曾经慵懒而如今克服懒惰的人，会光照这个世界，如同月亮脱开了蔽云。

173. **Yassa pāpaṁ kataṁ kammaṁ, kusalena pithīyati,**
so maṁ lokaṁ pabhāseti, abbhā mutto va candimā.

支谦本：過失為惡，追覆以善，是照世間，念善其宜。

今译：改过已作恶，覆以良善行，光耀此世间，如月出云翳。

白译：He whose misdeeds are covered by good deeds, brightens up this world, like the moon when freed from clouds.

白译汉译：人的恶行被善事覆替，便会光照这个世界，如同月亮脱开了蔽云。

174. **Andhabhūto ayaṁ loko, tanuk ettha vipassati;**

sakunto jālamutto va, appo saggāya gacchati.

支谦本：世間普盲冥，有目尠尠耳，群鳥墮羅網，生天不足言。

今译：此世多昏暗，鲜有明见者，如鸟脱罗网，鲜有[①]升天者。

白译：This world is dark, few only can see here; a few only go to heaven, like birds escaped from the net.

白译汉译：此世晦暗，观见者少。只有少数升天，如同鸟儿挣脱捕网。

175. **Haṁs'ādiccapathe yanti, ākāse yanti iddhiyā;**

nīyanti dhīrā lokamhā, jetvā māraṁ savāhiniṁ.

支谦本：如鴈將群，避羅高翔，明人導世，度脱邪衆。

今译：天鹅行太阳之道，神通之力可凌空，智者破魔王魔眷，脱离世间达涅槃。

白译：The swans go on the path of the sun; they go through the ether by means of their miraculous power; the resolute rise above the world when they have conquered Māra and his train.

白译汉译：天鹅依太阳的轨迹飞行，它们凭借奇迹般的力量破空而翔；当他战胜了天魔及其大军，决绝的智者会超越世间。

176. **Ekaṁ dhammaṁ atītassa, musāvādissa jantuno;**

vitiṇṇaparalokassa, natthi pāpaṁ akāriyaṁ.

支谦本：一法脱過，謂妄語人，不免後世，靡惡不更。

---

① 对应原文appo，白壁德将其译为a few，约翰·卡特译注本译为few。此处从后者。

今译：违反一法，口语妄言，不信来世，必作诸恶。

白译：If a man has transgressed a single precept, if he speaks lies and scoffs at another world, there is no evil he will not do.

白译汉译：如果人逾越了戒律，如果他在彼世说谎又讥诮，那么，他便无恶不作。

177. **Na ve kadariyā devalokaṁ vajanti, bālā have na-ppasaṁsanti dānaṁ.**

Dhīro ca dānaṁ anumodamāno, ten' eva so hoti sukhī parattha.

支谦本：愚不修天行，亦不譽布施，信施助善者，從是到彼安。

今译：悭吝不入天界，愚钝不赞布施，贤智随欣喜，后世必得安乐。

白译：The niggardly do not go to the world of the gods; fools only 29
do not praise liberality; a wise man rejoices in liberality, and through it becomes blessed in the other world.

白译汉译：悭吝者不会到达天界，愚者只懂得不赞扬布施。智者会不吝布施，并通过它在彼世得到安乐。

178. **Pathabyā ekarajjena, saggassa gamanena vā,**

sabbalokādhipaccena, sotāpattiphalaṁ varaṁ.

支谦本：雖多積珍寶，嵩高至于天，如是滿世間，不如見道迹。

今译：为地上王者，飞升天界者，称一切世间王者，不及预流①胜。

白译：Better than sovereignty over the earth, better than going to

---

① sotāpattiphalaṁ，指预流果。参见说一切有部的《阿毗达磨法蕴足论》卷三（《大正新修大藏经》第26册）："预流果者，谓现法中已于三结永断遍知，谓有身见、戒禁取、疑。彼住此断中，未能进求一来果证，名预流果。"

heaven, better than lordship over all worlds, is the reward of the first step in holiness.

白译汉译：与其主宰世界，与其进入天界，与其统治所有世界，不如得到入圣第一步的回报。

十四　佛陀品（Buddhavaggo） 30

179. **Yassa jitaṁ nāvajīyati, jitaṁ assa no yāti koci loke,**

taṁ Buddham anantagocaraṁ, apadaṁ kena padena nessatha.

支谦本：已勝不受惡，一切勝世間，叡智廓無疆，開曚令入道。

今译：已胜不可败，已胜实难得，佛智无边际，何复有迷途？

白译：He whose conquest is not conquered again, into whose conquest no one in this world enters, by what track can you lead him, the Awakened, the all-perceiving, the trackless?

白译汉译：人能做到胜无可再胜，达到的胜境没有凡人能入，他全知而无踪，还能有什么路径可指引这觉醒者？

180. **Yassa jālinī visattikā, taṇhā natthi kuhiñci netave,**

taṁ Buddham anantagocaraṁ, apadaṁ kena padena nessatha.

支谦本：決網無罣礙，愛盡無所積，佛意深無極，未踐迹令踐。

今译：彼已断缚结，爱欲失诱力，佛智无边际，何复有迷途？

白译：He whom no craving with its snares and poisons can lead astray, by what track can you lead him, the Awakened, the all-perceiving, the trackless?

白译汉译：欲望用迷毒和陷阱，都不能使他摇摆，他全知而无迹，还能有什么路径可指引这觉醒者？

181. **Ye jhānapasutā dhīrā, nekkhammūpasame ratā;**

devāpi tesaṁ pihayanti, sambuddhānaṁ satīmataṁ.

支谦本：勇健立一心，出家日夜滅，根斷無欲意，學正念清明。

今译：智者达禅定，喜乐而寂静，正念亦正觉，天人亦羡之。

白译：Even the gods envy those who are awakened and mindful, who are given to meditation, who are steadfast and delight in the peace of retirement (from the world).

白译汉译：对于正觉和正念者、能入禅定者、坚毅而喜于（从世间）遁迹者，即便是诸天也会羡慕。

182. **Kiccho manussapaṭilābho, kicchaṁ maccāna jīvitaṁ,**

kicchaṁ saddhammasavanaṁ, kiccho Buddhānaṁ uppādo.

支谦本：得生人道難，生壽亦難得，世間有佛難，佛法難得聞。

今译：生而为人难，为人寿终难，得听正法难，与佛同世难。

白译：Difficult is it to obtain birth as a human being, difficult is the life of mortals, difficult is the hearing of the true Law, difficult is the rise of the Buddhas.

白译汉译：想要像凡人一样降生于世，是困难的；凡人的生活，也是如此。能听到真法，是困难的；能诞生佛陀，也是如此。

183. **Sabbapāpassa akaraṇaṁ, kusalassa upasampadā,**

sacittapariyodapanaṁ, etaṁ Buddhāna sāsanaṁ.

支谦本：諸惡莫作，諸善奉行，自淨其意，是諸佛教。

今译：莫行一切恶，切行诸种善，自洁净已心，此乃佛之教。

白译：To refrain from all evil, to achieve the good, to purify one's own heart — this is the teaching of the Awakened.

白译汉译：要远离恶，要达到善，要净化心——这些是觉醒者的教诲。

184. **Khantī paramaṁ tapo titikkhā, nibbānaṁ paramaṁ vadanti Buddhā.**

Na hi pabbajito parūpaghātī, na samaṇo hoti paraṁ viheṭhayanto.

支谦本：觀行忍第一，佛說泥洹最，捨罪作沙門，無嬈害於彼。

今译：忍辱乃苦行最上，涅槃乃万事最上，佛陀如是说。害他人难名出家，伤他人难称沙门。

白译：Patience, long-suffering, is the highest form of penance, Nirvāna the highest of all things, say the Awakened; for he is not an anchorite who strikes another, he is not an ascetic who insults another.

白译汉译："长苦而忍耐是最好的修行，涅槃至高无上"，觉醒者如是说。出家者不伤人，沙门者不辱人。

185. **Anūpavādo anūpaghāto, pātimokkhe ca saṁvaro;**

mattaññutā ca bhattasmiṁ, pantañca sayanāsanaṁ,

支谦本：不嬈亦不惱，如戒一切持，少食捨身貪，有行幽隱處。

今译：不伤不害，守己持戒，节制饮食，独处静坐，勤修上定，是乃佛教。

白译：Not to blame, not to strike, to live restrained under the precepts, to be moderate in eating, to sleep and sit alone, and to dwell on lofty thoughts, — this is the teaching of the Awakened.

白译汉译：不怨人，不伤人，遵戒自律，节制于食，独眠独坐，驻于高见——这些是觉醒者的教诲。

186. **Na kahāpaṇavassena, titti kāmesu vijjati,**
appassādā dukhā kāmā, iti viññāya paṇḍito.

支谦本：天雨七寶，欲猶無厭，樂少苦多，覺者為賢。

今译：纵有钱币雨，其心难餍足，乐少苦却多，知之乃贤达。

白译：There is no satisfying lusts even by a shower of gold pieces; he who knows that lusts have a short taste and bring suffering in their train is wise.

白译汉译：即使黄金如雨淋下，欲望也无可满足；知道欲望乐少苦多，方是智者。

187. **Api dibbesu kāmesu, ratiṁ so nādhigacchati;**
taṇhakkhayarato hoti, sammāsambuddhasāvako.

支谦本：雖有天欲，慧捨無貪，樂離恩愛，為佛弟子。

今译：天欲当前，不喜不乐，正觉弟子，喜乐灭欲。

31 白译：Even in heavenly pleasures he finds no delight; the follower of the Supremely Enlightened One (Buddha) delights only in the destruction of every craving.

白译汉译：纵有天界之乐，他也不悦；至正觉醒者（佛陀）的弟子，只在灭绝欲望中得到喜乐。

188. **Bahuṁ ve saraṇaṁ yanti, pabbatāni vanāni ca,**
ārāma-rukkha-cetyāni, manussā bhayatajjitā.

支谦本：或多自歸，山川樹神，廟立圖像，祭祠求福。

今译：恐怖之故，遁入山林，园林庙宇，诸皈依所。

白译：Men driven by fear go to many a refuge, to mountains and forests, to shrines and graves and sacred trees.

白译汉译：人因恐惧，到处避难，躲到山上和林中，逃至庙宇、墓穴和圣树下。

189. **N'etaṁ kho saraṇaṁ khemaṁ, n' etaṁ saraṇam uttamaṁ,**
n'etaṁ saraṇaṁ āgamma, sabbadukkhā pamuccati.

支谦本：自歸如是，非吉非上，彼不能來，度我眾苦。

今译：此非安定所，亦非最上依，此种皈依者，难离苦痛。

白译：But that is not a safe refuge, that is not the best refuge; a man is not delivered from all pains after having gone to that refuge.

白译汉译：但是躲在这里不安定，躲在那里不是最好。人不会因为走入避难处而脱离诸苦。

190. **Yo ca Buddhañca dhammañca, saṅghañca saraṇaṁ gato,**
cattāri ariyasaccāni, sammappaññāya passati.

支谦本：如有自歸，佛法聖眾，道德四諦，必見正慧。

今译：以佛为依，以法为依，正慧得见，四种圣谛——

白译：He who takes refuge with Buddha, the Law and the Order; he who with clear understanding sees the four noble truths: —

白译汉译：人皈依佛、法、僧，得以明智，可见四圣谛——

191. **Dukkhaṁ dukkhasamuppādaṁ, dukkhassa ca atikkamaṁ,**

ariyañc'aṭṭhaṅgikaṁ maggaṁ, dukkhūpasamagāminaṁ.

支谦本：生死極苦，從諦得度，度世八道，斯除眾苦。

今译：苦集灭道，能令寂静——

白译：Suffering, the origin of suffering, the destruction of suffering, and the eightfold noble path that leads to the release from suffering —

白译汉译：苦、苦起、苦灭以及八圣道，可脱苦难。

192. **Etaṁ kho saraṇaṁ khemaṁ, etaṁ saraṇam uttamaṁ,**

etaṁ saraṇaṁ āgamma, sabbadukkhā pamuccati.

支谦本：自歸三尊，最吉最上，唯獨有是，度一切苦。

今译：此皈依安定，此皈依无上，如是皈依者，得离诸苦痛。

白译：That is the safe refuge, that is the best refuge; having gone to that refuge, a man is delivered from all suffering.

白译汉译：躲在那里才安全，躲在那里才最好；能遁匿于彼处，人可脱一切苦难。

193. **Dullabho purisājañño, na so sabbattha jāyati,**

yattha so jāyati dhīro, taṁ kulaṁ sukham edhati.

支谦本：明人難值，亦不比有，其所生處，族親蒙慶。

今译：佛陀难遇，非随处生，家有此贤，必有余庆。

白译：A supernatural person (a Buddha) is not easily found, he is not born everywhere. The family in which such a sage is born prospers.

白译汉译：超脱自然者（佛陀）不易寻，他并非随处降生。此圣贤降生之处，必得兴旺。

194. **Sukho Buddhānaṁ uppādo, sukhā saddhammadesanā,**
sukhā saṅghassa sāmaggī, samaggānaṁ tapo sukho.

支谦本：諸佛興快，說經道快，眾聚和快，和則常安。

今译：佛之现世令人喜乐，真法让人喜乐，僧伽阖乐，修习阖乐。

白译：Happy is the arising of the Awakened, happy is the teaching of the true Law, happy is harmony in the Order; happy is the devotion of those who dwell in harmony.

白译汉译：觉醒者出，必是可喜；得教真法，必是可喜；僧人和睦，必是可喜；在和睦中修行，必是可喜。

195. 196. **Pūjārahe pūjayato, Buddhe yadi va sāvake,**
papañcasamatikkante, tiṇṇasokapariddave.
Te tādise pūjayato, nibbute akutobhaye,
na sakkā puññaṁ saṅkhātuṁ, im' ettam api kenaci.

支谦本：佛為尊貴，斷漏無婬，諸釋中雄，一群從心。快哉福報，所願皆成，敏於上寂，自致泥洹。

今译：供养应得人，佛或佛弟子，脱离诸虚妄，不复悲与伤。供养如是者——寂静而无畏，功德不可数，福报难计量。

白译：Whoso pays homage to those who deserve homage, whether the Awakened or their disciples, those who have overcome the hosts of evils and crossed the flood of sorrow, who have found deliverance and know no fear — his merit can never be measured by anyone.

白译汉译：礼敬那些应当礼敬的人，无论是觉醒者还是其弟子，他们克服恶业，超越悲恸，寻得解脱，无有畏惧，功德无量。

十五　乐品（Sukhavaggo） 32

197. **Susukhaṁ vata jīvāma, verinesu averino;**

verinesu manussesu, viharāma averino.

支谦本：我生已安，不愠於怨，眾人有怨，我行無怨。

今译：生命喜而乐，怨中亦不憎，身纵处众怨，离恨而无怨。

白译：Let us live happily then, not hating those who hate us! Among men who hate us, let us dwell free from hatred!

白译汉译：我们应活得快乐，不恨那些恨我们的人。即使身处恨我们的人中，我们也应无恨地活着。

198. **Susukhaṁ vata jīvāma, āturesu anāturā;**

āturesu manussesu, viharāma anāturā.

支谦本：我生已安，不病於病，眾人有病，我行無病。

今译：生命喜而乐，病中亦不痛，身纵处众疾，无痛亦无病。

白译：Let us live happily then, free from ailments among the ailing! Among men who are ailing, let us dwell free from ailments!

白译汉译：我们应活得快乐，在恙者中无恙地活着。即使身处众病者中，我们也应无病苦地活着。

199. **Susukhaṁ vata jīvāma, ussukesu anussukā;**

ussukesu manussesu, viharāma anussukā.

支谦本：我生已安，不慼於憂，眾人有憂，我行無憂。

今译：生命喜而乐，贪中亦无欲，身纵处众贪，无欲亦无求。

白译：Let us live happily then, free from greed among the greedy! Among men who are greedy let us dwell free from greed!

白译汉译：我们应活得快乐，在贪者中无贪念地活着。即使身处众贪者中，我们也应无贪念地活着。

200. **Susukhaṁ vata jīvāma, yesaṁ no natthi kiñcanaṁ;**

pītibhakkhā bhavissāma, devā ābhassarā yathā.

支谦本：我生已安，清淨無為，以樂為食，如光音天。

今译：生命喜而乐，万物不占有，如光音天人，以乐常为食。

白译：Let us live happily then, though we call nothing our own! We shall be like the bright gods, feeding on happiness.

白译汉译：我们应活得快乐，虽然无物可索取。我们将如同光音天人，以乐为食。

201. **Jayaṁ veraṁ pasavati, dukkhaṁ seti parājito,**

upasanto sukhaṁ seti, hitvā jayaparājayaṁ.

支谦本：勝則生怨，負則自鄙，去勝負心，無爭自安。

今译：胜利生怨怒，败者常戚戚，弃捐胜与败，寂静亦安乐。

白译：Victory breeds hatred, for the conquered is unhappy. He who has given up both victory and defeat, he, the contented, is happy.

白译汉译：胜利滋长仇恨，因为败者会痛苦。捐弃成败者，能心满而幸福。

202. **Natthi rāgasamo aggi, natthi dosasamo kali,**
natthi khandhasamā dukkhā, natthi santiparaṁ sukhaṁ.

支谦本：熱無過婬，毒無過怒，苦無過身，樂無過滅。

今译：无火如欲，无恶如恨，无苦如蕴，无乐如涅槃。

白译：There is no fire like lust; there is no losing throw like hatred; there is no pain like this body; there is no happiness higher than peace.

白译汉译：没有火焰能烈如欲望，没有厄运能比得上仇恨，没有痛苦能比得上这副躯体，没有快乐能比得上平静。

203. **Jighacchāparamā rogā, saṅkhāraparamā dukhā.**
Etaṁ ñatvā yathābhūtaṁ, nibbānaṁ paramaṁ sukhaṁ.

支谦本：飢為大病，行為最苦，已諦知此，泥洹最樂。

今译：饥馑最大病，五蕴最大苦，明知此道理，涅槃最上乐。

白译：Hunger is the greatest affliction, the body the chief source of sorrow; if one knows this truly, that is Nirvāna, the highest happiness.

白译汉译：饥饿是最大的苦痛，身体是悲恸的首源。如果人能真正懂得这个道理，必得涅槃——这无上的幸福。

204. **Ārogyaparamā lābhā, santuṭṭhiparamaṁ dhanaṁ,**

vissāsaparamā ñāti, nibbānaṁ paramaṁ sukhaṁ.

支谦本：無病最利，知足最富，厚為最友，泥洹最快。

今译：身健最大福，知足最大财，信乃最上亲，涅槃最上乐。

白译：Health is the greatest of blessings, contentedness the best riches; trust is the best of relationships, Nirvāna the highest happiness.

白译汉译：健康是最大的福佑，满足是最好的富足。信任是最好的关系，涅槃是无上的幸福。

205. **Pavivekarasaṁ pītvā, rasaṁ upasamassa ca,**
niddaro hoti nippāpo, dhammapītirasaṁ pivaṁ.

支谦本：解知念待味，思惟休息義，無熱無飢想，當服於法味。

今译：遍尝独居乐，以及寂静味，无畏亦无怖，饮得法喜味。

白译：He who has tasted the sweetness of solitude and tranquility, is free from fear and sin, while he drinks in the nectar of the Law.

白译汉译：人要是能品尝独处和平静的甘甜，就超脱了惧怕与恶业，同时还能品尝法的琼浆。

206. **Sāhu dassanam ariyānaṁ, sannivāso sadā sukho,**
adassanena bālānaṁ, niccam eva sukhī siyā.

支谦本：見聖人快，得依附快，得離愚人，為善獨快。

今译：善哉见圣人，毗邻常喜乐，眼中无愚人，彼实欢乐人。

33 白译：The sight of the noble is good, to live with them is always blessedness; if a man did not see fools, he would be truly happy.

白译汉译：见到圣者，善哉；与之共处，总是福佑。不用看到愚者，会得真正快乐。

207. **Bālasaṅgatacārī hi, dīgham addhāna socati,**

dukkho bālehi saṁvāso, amitten'eva sabbadā.

Dhīro ca sukhasaṁvāso, ñātīnaṁ va samāgamo.

支谦本：依賢居快，如親親會。《出曜经》：如與愚從事，經歷無數日，與愚同居難，如與怨憎會。與智同處易，如共親親會。

今译：交游愚顽者，心中常苦涩，相伴愚顽者，愁苦若与仇。智者若为伍，喜乐若有亲。

白译：He who consorts with fools suffers a long journey; company with fools, as with an enemy, is always painful; company with the steadfast is pleasant like meeting with kinsfolk.

白译汉译：要是和愚者沆瀣一气，便难免踏上冗长的路途。与愚者为伍，必得痛苦，正如与敌共处；与坚定者为友，乃得愉快，如同与亲人相见。

208. **Tasmā hi—**

Dhīrañca paññañca bahussutañca, dhorayhasīlaṁ vatavantamariyaṁ,

taṁ tādisaṁ sappurisaṁ sumedhaṁ, bhajetha nakkhattapathaṁ va candimā.

支谦本：近仁智者，多聞高遠。《出曜经》：是故事多聞，并及持戒者，如是人中上，猶月在衆星。

今译：彼应随从游，贤人与智者，多闻与持戒，虔诚与圣者，如众星拱月。

白译：Therefore one should follow the wise, the intelligent, the learned, the much enduring, the dutiful, the noble; one should follow a good and wise man, as the moon follows the path of the stars.

白译汉译：因而，要追随智者、慧者、博学者、刻苦者、有担当者和高贵者；要追随良善和智慧的人，正如月亮跟随星辰的轨道。

十六　喜爱品（Piyavaggo）

209. **Ayoge yuñjaṁ attānaṁ, yogasmiñca ayojayaṁ,**

atthaṁ hitvā piyaggāhī, pihet' attānuyoginaṁ.

支谦本：違道則自順，順道則自違，捨義取所好，是為順愛欲。

今译：专事不应行，毫无修习意，弃义逐爱欲，徒羡自修人。

白译：He who gives himself to vanity and does not give himself to meditation, forgetting the real aim of life and grasping at the pleasurable, will come to envy him who has exerted himself in meditation.

白译汉译：人若沉湎于虚荣，却不事沉思，忘记人生的真义，而执着于享乐，如此下去，他最终会羡慕那些精于深思的人。

210. **Mā piyehi samāgañchi, appiyehi kudācanaṁ.**

Piyānaṁ adassanaṁ dukkhaṁ, appiyānañca dassanaṁ.

支谦本：是以莫造愛，愛憎惡所由，已除縛結者，無愛無所憎。

今译：莫恋欢娱事，莫着厌恶事，不见欢娱苦，见厌恶亦苦。

白译：Let no man ever cleave to things that are pleasant or to those that are unpleasant. Not to see what is pleasant is pain, and it is pain to see what is unpleasant.

白译汉译：执着于喜爱或不喜爱之物的人，要远离之。不见喜爱之物是痛苦的，见不喜爱之物也是痛苦的。

211. **Tasmā piyaṁ na kayirātha, piyāpāyo hi pāpako;**
ganthā tesaṁ na vijjanti, yesaṁ natthi piyāppiyaṁ.

支谦本：是以莫造愛，愛憎惡所由，已除縛結者，無愛無所憎。

今译：莫逐欢娱事，舍之苦离别，若无爱与憎，此身无系缚。

白译：One should not therefore hold anything dear. Its loss is grievous. Those who hold nothing dear and hate nothing have no fetters.

白译汉译：所以，不要执爱任何事物，失去便会让人悲恸。人没有执爱或厌恶，就没有束缚。

212. **Piyato jāyate soko piyato jāyatī bhayaṁ,**
piyato vippamuttassa natthi soko kuto bhayaṁ.

支谦本：愛喜生憂，愛喜生畏，無所愛喜，何憂何畏。

今译：欢娱生哀苦，欢娱生惧怖，若无欢与娱，无哀亦无怖。

白译：From pleasure comes grief, from pleasure comes fear; he who is free from pleasure neither sorrows nor fears.

白译汉译：从愉悦生出悲伤，从愉悦生出恐惧。人没有喜爱，就无悲无惧。

213. **Pemato jāyate soko pemato jāyatī bhayaṁ,**
pemato vippamuttassa natthi soko kuto bhayaṁ.

《法集要颂经》：由愛生憂愁，由愛生怖畏，若遠離念愛，遂捨狂亂終。

今译：爱情生哀苦，爱情生惧怖，若无爱与情，无哀亦无怖。

白译：From (earthly) affection comes grief, from (earthly) affection comes fear; he who is free from (earthly) affection neither sorrows nor fears.

白译汉译：从（世俗之）爱生出悲伤，从（世俗之）爱生出恐惧。人无（世俗之）爱，就不悲不惧。

214. **Ratiyā jāyate soko, ratiyā jāyatī bhayaṁ,**
ratiyā vippamuttassa, natthi soko kuto bhayaṁ.

支谦本：好樂生憂，好樂生畏，無所好樂，何憂何畏？

今译：欲乐生哀苦，欲乐生惧怖，若无欲与乐，无哀亦无怖。

白译：From (sensuous) delight comes grief, from (sensuous) delight comes fear; he who is free from (sensuous) delight neither sorrows nor fears.

白译汉译：从（感官之）喜乐生出悲伤，从（感官之）喜乐生出恐惧。人无（感官之）喜乐，就不悲不惧。

215. **Kāmato jāyate soko, kāmato jāyatī bhayaṁ,**
kāmato vippamuttassa, natthi soko kuto bhayaṁ.

《出曜经》：愛欲生憂，愛欲生畏，無所愛欲，何憂何畏？

今译：贪欲生哀苦，贪欲生惧怖，若无贪与欲，无哀亦无怖。

白译：From lust comes grief, from lust comes fear; he who is free from lust neither sorrows nor fears.

白译汉译：从欲望生出悲伤，从欲望生出恐惧。人无欲望，就不悲不惧。

216. **Taṇhāya jāyate soko, taṇhāya jāyatī bhayaṁ,**

taṇhāya vippamuttassa, natthi soko kuto bhayaṁ.

支谦本：貪欲生憂，貪欲生畏，解無貪欲，何憂何畏？

今译：渴念生哀苦，渴念生惧怖，若无渴与念，无哀亦无怖。

白译：From craving comes grief, from craving comes fear; he who is free from craving neither sorrows nor fears.

白译汉译：从渴望生出悲伤，从渴望生出恐惧。人无渴望，就不悲不惧。

217. **Sīladassanasampannaṁ, dhammaṭṭhaṁ saccavedinaṁ,**

attano kamma kubbānaṁ, taṁ jano kurute piyaṁ.

支谦本：貪法戒成，至誠知慚，行身近道，為眾所愛。

今译：彼具戒正见，正义道真谛，专注成自我，世人敬爱之。

白译：He who possesses character and discrimination, who is just, speaks the truth, and does what is his own business, him the world will hold dear.

白译汉译：人有戒与正见，为人正义，言说真谛，专注自己，世界才会爱护他。

218. **Chandajāto anakkhāte, manasā ca phuṭo siyā, kāmesu**

ca appaṭibaddhacitto, uddhaṁsoto ti vuccati.

支谦本：欲態不出，思正乃語，心無貪愛，必截流渡。

今译：趋逐离言法，此意盈此心，心不着于欲，可称上流人。

白译：He in whom a desire for the Ineffable has sprung up, whose mind is permeated by this desire and whose thoughts are not bewildered by sensuality, is said to be ‘bound up-stream.’

白译汉译：人能渴求超越言说，在心中弥漫这样的渴望，其思虑不被感官困惑，堪谓上乘人。

219. **Cirappavāsiṁ purisaṁ, dūrato sotthim āgataṁ,**

ñātimittā suhajjā ca, abhinandanti āgataṁ.

支谦本：譬人久行，從遠吉還，親厚普安，歸來歡喜。

今译：彼客居他乡，安然自远归，亲朋与好友，欢喜接迎之。

白译：Kinsmen, friends, and well-wishers salute a man who has been long away, and returns safe from afar.

白译汉译：远在他乡而后平安归来的人，会得到亲人、朋友和善愿者的迎接。

220. **Tath'eva katapuññam pi, asmā lokā paraṁ gataṁ,**

puññāni paṭigaṇhanti, piyaṁ ñātī va āgataṁ.

支谦本：好行福者，從此到彼，自受福祚，如親來喜。

今译：福业亦如此，此世入他世，欢喜若亲友，接应爱者归。

白译：In like manner his good works receive him who has done good, and has gone from this world to the other; — as kinsmen receive one who is dear to them on his return.

白译汉译：同样，善业将迎接行善之人，他从此世去到彼世，正如家人迎接归乡的亲人。

十七　怒品（Kodhavaggo）

221. **Kodhaṁ jahe vippajaheyya mānaṁ, saññojanaṁ sabbam atikkameyya;**

taṁ nāmarūpasmim asajjamānaṁ, akiñcanaṁ nānupatanti dukkhā.

支谦本：捨恚離慢，避諸愛會，不著名色，無為滅苦。

今译：无怒灭除慢，解脱诸系缚，不着名与色，一物不占取，诸苦不相随。

白译：Let a man put away anger, let him forsake pride, let him overcome all bondage! No sufferings befall the man who is not sunk in self, and who calls nothing his own.

白译汉译：要抛弃愤恨，放下傲气，挣脱枷锁！人若不沉溺于己身，自己无所求，苦痛就不让其沉沦。

222. **Yo ve uppatitaṁ kodhaṁ, rathaṁ bhantaṁ va dhāraye,**

tam ahaṁ sārathiṁ brūmi, rasmiggāho itaro jano.

支谦本：恚能自制，如止奔車，是為善御，棄冥入明。

今译：能制己怒者，如制急性车，可称善御人，余者徒持缰。

白译：He who holds back rising anger like a rolling chariot, him I call a real driver; other people are but holding the reins.

白译汉译：升腾的怒气如滚滚的车轮，能抑制住怒气的人，可称为真正的御者，其他人不过是执拿缰绳罢了。

223. **Akkodhena jine kodhaṁ, asādhuṁ sādhunā jine,**
jine kadariyaṁ dānena, saccen'ālikavādinaṁ.

支谦本：忍辱勝恚，善勝不善，勝者能施，至誠勝欺。

今译：以温制怒，以善制恶，以施制吝，以实制虚。

白译：Let a man overcome anger by mildness, let him overcome evil by good; let him overcome the niggard by liberality, the liar by truth!

白译汉译：要凭借不怒而放弃愤恨，依靠善而抛弃恶；要用慷慨克服悭吝，用真谛克服谎言。

224. **Saccaṁ bhaṇe na kujjheyya, dajjā appampi yācito,**
etehi tīhi ṭhānehi, gacche devāna santike.

支谦本：不欺不怒，意不多求，如是三事，死則上天。

今译：言真不嗔怒，乐善而好施，若事此三事，可升诸天界。

白译：Speak the truth, do not yield to anger; give (of thy little) if thou art asked for little; by these three steps thou wilt attain the world of the gods.

白译汉译：要说出真谛；不要囿于愤怒；如果有人祈求些许，要舍得赠予（些许）。凭借这三步，可以达到天界。

225. **Ahiṁsakā ye munayo, niccaṁ kāyena saṁvutā,**
te yanti accutaṁ ṭhānaṁ, yattha gantvā na socare.

支谦本：常自攝身，慈心不殺，是生天上，到彼無憂。

今译：不杀且自制，彼者诸牟尼，得入不死地，无有悲与忧。

白译：The sages who do no injury, who always control their bodies, go to the unchanging place, where, having gone, they sorrow no more.

白译汉译：圣人不害人，而能掌控己身，他们走到永恒之地，在那里他们得到超脱，也不再有悲痛。

226. **Sadā jāgaramānānaṁ, ahorattānusikkhinaṁ,**

nibbānaṁ adhimuttānaṁ, atthaṁ gacchanti āsavā.

支谦本：意常覺寤，明慕勤學，漏盡意解，可致泥洹。

今译：日夜常警觉，无时不勤学，志向于涅槃，烦恼终息灭。

白译：Those who are ever watchful, who study day and night and who strive after Nirvāna, their evil passions will come to an end.

白译汉译：那些时时警觉、日夜勤习、精进涅槃的人，他们的趋恶之情也会有终结。

227. **Porāṇam etaṁ Atula, n' etaṁ ajjatanam iva,**

nindanti tuṇhiṁ āsīnaṁ, nindanti bahubhāṇinaṁ,

mitabhāṇinam pi nindanti, natthi loke anindito.

支谦本：人相謗毁，自古至今，既毁多言，又毁訥忍，亦毁中和，世無不毁。

今译：彼者阿多罗，此非仅今日，古来亦如此，静坐遭人诽，多言遭人诽，寡言亦如此，世间无诽者，自来无有之。

白译：There is an old saying, O Atula, — it is not only of today: ‘They blame him who sits silent, they blame him who speaks much, they also blame him who says little.’ There is no one in the world who is not blamed.

白译汉译：阿多罗呀，有句老话，而不只是关乎当下：“他们责备静坐者，他们责备多言者，他们也责备少言者。”世上没有谁是不被责备的。

228. **Na c’āhu na ca bhavissati, na c’etarahi vijjati,**

ekantaṁ nindito poso, ekantaṁ vā pasaṁsito.

支谦本：欲意非聖，不能制中，一毀一譽，但為利名。

今译：恒谤与恒誉，古今不曾见，未来更不存。

白译：There never was, there never will be, nor is there now, a man who is always blamed, or a man who is always praised.

白译汉译：以前没有谁，将来没有谁，现在也没有谁，会总是被责备，或者总是被赞扬。

229. 230. **Yañce viññū pasaṁsanti, anuvicca suve suve,**

acchiddavuttiṁ medhāviṁ, paññāsīlasamāhitaṁ.

Nekkhaṁ jambonadasseva, ko taṁ ninditum arahati;

devā pi naṁ pasaṁsanti, Brahmunā pi pasaṁsito.

支谦本：明智所譽，唯稱是賢，慧人守戒，無所譏謗。如羅漢淨，莫而誣謗，諸人咨嗟，梵釋所稱。

今译：朝朝自反省，无暇且贤明，智慧具戒行，品如阎浮金，谁人能谤之，诸天婆罗门，两者均赞之。

37 白译：But he whom those who discriminate praise continually day after day, as without blemish, wise, rich in knowledge and goodness — who would dare to blame him any more than a coin made of gold from the Jambū river? Even the gods praise such a man, he is praised even by Brahmā.

白译汉译：人若日复一日明辨赞扬，没有瑕疵，聪慧明智，在知与善上富足，他如同阎浮河的金币，谁会苛责之？即使是神祇也会赞颂他，婆罗门也会称赞他。

231. **Kāyappakopaṁ rakkheyya, kāyena saṁvuto siyā,**
kāyaduccaritaṁ hitvā, kāyena sucaritaṁ care.

支谦本：常守慎身，以護瞋恚，除身惡行，進修德行。

今译：慑服身愤怒，调伏己身行，出离身恶行，以身修善道。

白译：Beware of bodily anger, and control thy body! Leave the sins of the body, and with thy body practise virtue.

白译汉译：要警觉于躯体之怒，控制你的身体！远离身体之恶，用你的躯体践行德性。

232. **Vacīpakopaṁ rakkheyya, vācāya saṁvuto siyā,**
vacīduccaritaṁ hitvā, vācāya sucaritaṁ care.

支谦本：常守慎言，以護瞋恚，除口惡言，誦習法言。

今译：慑服言愤怒，调伏己言语，出离语恶行，以语修善道。

白译：Beware of the anger of the tongue, and control thy tongue! Leave the sins of the tongue and practise virtue with thy tongue!

白译汉译：要警觉于唇舌之怒，控制你的唇舌！远离唇舌之恶，用你的唇舌践行德性。

233. **Manopakopaṁ rakkheyya, manasā saṁvuto siyā,**
manoduccaritaṁ hitvā, manasā sucaritaṁ care.

支谦本：常守慎心，以護瞋恚，除心惡念，思惟念道。

今译：慑服意愤怒，调伏己意行，出离意恶行，以意修善道。

白译：Beware of the anger of the mind, and control thy mind! Leave the sins of the mind and practise virtue with thy mind.

白译汉译：要警觉于心灵之怒，控制你的心灵！远离心灵之恶，用你的心灵践行德性。

234. **Kāyena saṁvutā dhīrā, atho vācāya saṁvutā,**
manasā saṁvutā dhīrā, te ve suparisaṁvutā.

支谦本：節身慎言，守攝其心，捨恚行道，忍辱最強。

今译：善制身语意，坚固而不摧。

白译：The steadfast who control body, tongue, and mind are indeed well-controlled.

白译汉译：坚毅者能节制躯体、口舌与心灵，必能节制自己。

十八　秽品（Malavaggo）

235. **Paṇḍupalāsova dāni si, yamapurisā pi ca taṁ upaṭṭhitā,**

uyyogamukhe ca tiṭṭhasi, pātheyyam pi ca te na vijjati.

今译：如叶枯而焦，阎魔已临门，汝已踏死路，身无资与粮。

白译：Thou art now like a sear leaf, the messengers of Death (Yama) have come near to thee; thou standest at the threshold of thy departure, and thou hast no provision for thy journey.

白译汉译：你现在如同枯叶，死亡（阎魔）的使者已经靠近；你站立在即将离世的门槛边，却没有上路的盘缠。

236. **So karohi dīpam attano, khippaṁ vāyama paṇḍito bhava,**

niddhantamalo anaṅgaṇo, dibbaṁ ariyabhūmiṁ ehisi.

今译：自造安全洲，精进速为贤，扫除诸尘垢，得入诸层天。

白译：Make thyself an island, exert thyself, and that promptly, be wise! When thy impurities are blown away, and thou art free from guilt, thou wilt enter into the heavenly world of the elect.

白译汉译：要使自己成为沙洲，使自己精进，及时使自己有智！当你洗脱了污垢和愧疚，就会进入圣人之境。

237. **Upanītavayo ca dāni si, sampayāto si Yamassa santike,**
vāso pi ca te natthi antarā, pātheyyam pi ca te na vijjati.

支谦本：生無善行，死墮惡道，住疾無間，到無資用。

今译：寿命终且尽，阎魔已临门，汝无停息处，亦无资与粮。

白译：Thy life has come to an end, thou art come near to Death (Yama), there is no resting place for thee on the road, and thou hast no provision for thy journey.

白译汉译：你的生命渐至尽头，你正走向死亡（阎魔），此去路上你无歇脚之处，也身无盘缠。

238. **So karohi dīpam attano, khippaṁ vāyama paṇḍito bhava,**
niddhantamalo anaṅgaṇo, na puna jātijaraṁ upehisi.

支谦本：當求智慧，以然意定，去垢勿污，可離苦形。

今译：自造安全洲，精进速为贤，扫除诸尘垢，无老亦无死。

白译：Make thyself an island, exert thyself and that promptly, be wise! When thy impurities are blown away and thou art free from guilt, thou will not again enter into birth and decay.

白译汉译：要让自己成为沙洲，使自己精进，及时使自己有智！当你洗脱了污垢和愧疚，就不会重生，也不会衰老。

239. **Anupubbena medhāvī, thokathokaṁ khaṇe khaṇe,**
kammāro rajatasseva, niddhame malam attano.

支谦本：慧人以漸，安徐稍進，洗除心垢，如工鍊金。

今译：刹那并刹那，扫除诸尘垢，如炼淬银垢，消除自我垢。

白译：Let a wise man blow away his own impurities as a smith blows away the impurities of silver, one by one, little by little, and from instant to instant.

白译汉译：让智者洗涤污垢，正如匠人洗涤银物上的瑕疵，一点又一点，一丝又一丝，一瞬又一瞬。

240. **Ayasā va malaṁ samuṭṭhitaṁ, taduṭṭhāya tam eva khādati,**
evaṁ atidhonacārinaṁ, sakakammāni nayanti duggatiṁ.

支谦本：惡生於心，還自壞形，如鐵生垢，反食其身。

今译：锈自铁中生，终究全腐蚀，恶业亦如此，摧击造恶人。

白译：As rust sprung from iron eats into its own source, so do their own deeds bring transgressors to an evil end.

白译汉译：如同铁生出锈，锈反蚀铁，造恶者被恶业带入恶果。

241. **Asajjhāyamalā mantā, anuṭṭhānamalā gharā;**
malaṁ vaṇṇassa kosajjaṁ, pamādo rakkhato malaṁ.

支谦本：不誦為言垢，不勤為家垢，不嚴為色垢，放逸為事垢。

今译：诵经不复为秽，屋漏不补家秽，怠惰不勤色秽，放逸不警护卫秽。

白译：The taint of prayers is non-repetition; the taint of houses ill-repair; the taint of (bodily) beauty is sloth; the taint of a watchman, lack of vigilance.

白译汉译：诵者之垢，在于没有重复；房屋之垢，在于修整简陋；（体）美之垢，在于慵懒懈怠；守者之垢，在于缺乏警觉。

242. **Mal' itthiyā duccaritaṁ, maccheraṁ dadato malaṁ;**

malā ve pāpakā dhammā, asmiṁ loke paramhi ca.

支谦本：慳為惠施垢，不善為行垢，今世亦後世，惡法為常垢。

今译：淫为女者秽，吝为施者秽，恶性均为秽，此界与他界。

白译：Lewd conduct is the taint of woman, niggardliness the taint of a benefactor; tainted are all evil ways in this world and the next.

白译汉译：女人之垢，在于淫亵；施予者之垢，在于悭吝；在此世与来世，罪恶皆是污秽。

243. **Tato malā malataraṁ, avijjā paramaṁ malaṁ,**

etaṁ malaṁ pahantvāna, nimmalā hotha bhikkhavo.

支谦本：垢中之垢，莫甚於癡，學當捨惡，比丘無垢。

今译：诸垢害无穷，无明乃为最，汝当弃此垢，成无垢比丘。

白译：But there is a taint worse than all taints, — ignorance is the 39
greatest taint. O mendicants! throw off that taint and become taintless.

白译汉译：但是，有比一切污垢更恶的污垢——无明而不解事理，此乃最大的污垢。比丘呀，要除掉污垢，做到无垢。

244. **Sujīvaṁ ahirikena, kākasūrena dhaṁsinā;**

pakkhandinā pagabbhena, saṁkiliṭṭhena jīvitaṁ.

支谦本：苟生無恥，如烏長喙，強顏耐辱，名曰穢生。

今译：生而无耻羞，鲁莽如鸦雀，张狂肆妄为，傲慢性邪恶，彼者生活易。

白译：Life is easy to live for a man who is without shame, bold after the fashion of a crow, a mischief-maker, an insulting, arrogant, and dissolute fellow.

白译汉译：对于无耻而胆大如乌鸦的人来说，生活颇为容易，他作恶，无礼，傲慢而浪荡。

245. **Hirīmatā ca dujjīvaṁ, niccaṁ sucigavesinā;**

alīnen' appagabbhena, suddhājīvena passatā.

支谦本：廉耻雖苦，義取清白，避辱不妄，名曰潔生。

今译：生而有羞心，趋随于清净，谦逊无附着，明见无染尘，彼者生活难。

白译：But life is hard to live for a modest man, who always looks for what is pure, who is free from attachment, unassuming, spotless, and of clear vision.

白译汉译：但是对于知羞耻的人来说，生活是困难的，他总是追求纯粹，解脱羁绊，平易谦逊，纤尘不染，视界明晰。

246. **Yo pāṇaṁ atipāteti, musāvādañca bhāsati,**

loke adinnaṁ ādiyati, paradārañca gacchati.

支谦本：愚人好殺，言無誠實，不與而取，好犯人婦。

今译：杀生多妄言，取财有贪心，觊觎他人妇；

白译：He who destroys life, who speaks untruth, who in this world takes what is not given him, who goes to another man's wife;

白译汉译：毁人性命的人，必说妄言的人，在此世索取那些所未给予的东西的人，勾搭他人妻子的人；

247. **Surāmerayapānañca, yo naro anuyuñjati,**

idh’eva-m-eso lokasmiṁ, mūlaṁ khaṇati attano.

支谦本：逞心犯戒，迷惑於酒，斯人世世，自掘身本。

今译：贪杯常酩酊，多行如是者，于此世界中，自掘自己根。

白译：And the man who gives himself to drinking intoxicating liquors, he, even in this world, digs up his own root.

白译汉译：还有那些沉溺醉饮的人，在此世将自身连根拔除了。

248. **Evaṁ bho purisa jānāhi: pāpadhammā asaññatā;**

mā taṁ lobho adhammo ca, ciraṁ dukkhāya randhayuṁ.

支谦本：人如覺是，不當念惡，愚近非法，久自燒沒。

今译：汝应知如下：不制为恶行，莫贪行非法，自陷无边苦。

白译：O man, know this, that the intemperate are in a bad state; take care that greediness and vice do not bring thee to grief for a long time.

白译汉译：人须知道，不节制的人必处恶境。不要让贪婪与非法陷自己于长久悲痛。

249. **Dadāti ve yathāsaddhaṁ yathāpasādanaṁ jano,**

tattha yo maṅku bhavati, paresaṁ pānabhojane,

na so divā vā rattiṁ vā, samādhiṁ adhigacchati.

支谦本：若信布施，欲揚名譽，會人虛飾，非入淨定。

今译：布施信或乐：若妒他人食，与妒他人饮，昼夜无三昧。

白译：People give according to their faith or according to their pleasure: if a man frets about the food and the drink given to others, he will not attain tranquillity either by day or by night.

白译汉译：人因信仰和愉悦而施予：如果人因为给予他人饮食而烦恼，他便日夜不得安宁。

250. **Yassa c'etaṁ samucchinnaṁ, mūlaghaccaṁ samūhataṁ,**
sa ve divā vā rattiṁ vā, samādhiṁ adhigacchati.

支谦本：一切斷欲，截意根原，晝夜守一，必入定意。

今译：断绝此心思，斩草根除之，无论昼与夜，入定得三昧。

白译：He in whom that feeling is destroyed and taken out by the very root, will attain tranquillity by day and by night.

白译汉译：如果这样的烦恼能被移去和根除，人就能日夜都得安宁。

251. **Natthi rāgasamo aggi, natthi dosasamo gaho,**
natthi mohasamaṁ jālaṁ, natthi taṇhāsamā nadī.

支谦本：火莫熱於婬，捷莫疾於怒，網莫密於癡，愛流駛乎河。

今译：无火如欲，无着[①]如恨，无网如痴，无流如贪。

白译：There is no fire like lust, there is no spark like hatred, there is no snare like folly, there is no torrent like greed.

白译汉译：没有火焰能比得上贪，没有火花能比得上瞋，没有罗网能

---

① 对应原文gaho（着），白壁德将其翻译成spark，疑为误译。

比得上痴，没有激流能比得上欲望。

252. **Sudassaṁ vajjam aññesaṁ, attano pana duddasaṁ,**

paresaṁ hi so vajjāni, opunāti yathā bhusaṁ;

attano pana chādeti, kaliṁ va kitavā saṭho.

《出曜经》：善觀己瑕隙，使己不露外，彼彼自有隙，如彼飛輕塵。若己稱無瑕，二事俱并至。

今译：他人之过易寻，己身之过难见，譬如筛糠，己过存匿，又如狡博者，隐匿不利骰。[1]

白译：The fault of others is easily perceived, but that of one's self is difficult to perceive; a man winnows his neighbours' faults like chaff, but hides his own, even as a dishonest gambler hides a losing throw.

白译汉译：易察他人过错，而难察自己过失；人会像筛糠那样，挑邻人的错误，隐去自己的，甚如不诚的赌徒藏起必输的骰子。

253. **Paravajjānupassissa, niccaṁ ujjhānasaññino,**

āsavā tassa vaḍḍhanti, ārā so āsavakkhayā.

《出曜经》：但見外人隙，恒懷危害心，遠觀不見近。

今译：只见他人过，心中常愤愤，徒增烦恼流，难以灭断惑。

白译：If a man looks after the faults of others and is always inclined to

---

① 此句意见纷纭。白壁德将此句理解为一个赌博喻，即赌者隐匿不利于自己的骰子(kaliṁ)，约翰·卡特则将此句理解为一个打猎喻，即猎者以树枝隐其身体。此处从白壁德。

40 take offence, his own evil propensities will grow; far indeed is such a man from their destruction.

白译汉译：如果一个人挑他人错误，还常常存心冒犯，那么他的恶性必增，距离断绝苦难还很遥远。

254. **Ākāseva padaṁ natthi, samaṇo natthi bāhiro,**
papañcābhiratā pajā, nippapañcā Tathāgatā.

支谦本：虚空無轍迹，沙門無外意，眾人盡樂惡，唯佛淨無穢。

今译：空中无道，法外无僧，芸芸众生，喜乐虚妄，如来出离，寂静安乐。

白译：There is no path through the air: no (true) monk is found outside (the Buddhist Order). The world delights in vanity, the Tathāgatas (Buddhas) are free from vanity.

白译汉译：虚空无道路，（佛家）外部无（真）沙门。俗世在虚妄中得到欢乐，而如来（佛陀）解脱了虚妄。

255. **Ākāseva padaṁ natthi, samaṇo natthi bāhiro,**
saṅkhārā sassatā natthi, natthi Buddhānam iñjitaṁ.

支谦本：虚空無轍迹，沙門無外意，世間皆無常，佛無我所有。

今译：空中无道，法外无僧，五蕴无常，觉者无撼。

白译：There is no path through the air; no (true) monk is found outside (the Buddhist Order). Nought in the phenomenal world abides, but the Awakened (the Buddhas) are never shaken.

白译汉译：虚空无道路，（佛家）外部无（真）沙门。无物常驻于现象界，而觉醒者（佛陀）永不会动摇。

十九　法住品（Dhammaṭṭhavaggo）

256. 257. **Na tena hoti dhammaṭṭho, yen' atthaṁ sahasā naye,**

yo ca atthaṁ anatthañca, ubho niccheyya paṇḍito

Asāhasena dhammena, samena nayatī pare,

dhammassa gutto medhāvī, "dhammaṭṭho" ti pavuccati.

支谦本：好經道者，不競於利，有利無利，無欲不惑。常愍好學，正心以行，擁懷實慧，是謂為道。

今译：以暴行事，不称法住；辨别是非，贤者之能，顺导以法，不依暴力，公正平等，正法护之，智慧贤能，是为法住。

白译：A man is not just if he carries a matter by violence; no, he who distinguishes both right and wrong, who is learned and leads others, not by violence but justly and righteously, and who is guarded by the Law and intelligent, he is called just.

白译汉译：人若是处事暴躁，就不算是奉法。人能区分善恶，博学而引导他人，护法正直而不暴躁，有智而受法指引，则可以称为奉法。

258. **Na tena paṇḍito hoti, yāvatā bahu bhāsati,**

khemī averī abhayo "paṇḍito" ti pavuccati.

支谦本：所謂智者，不必辯言，無恐無懼，守善為智。

今译：彼称贤者故，非为言谈多，寂静无怨怖，彼为真贤者。

白译：A man is not learned because he talks much; he who is patient, free from hatred and fear, he is called learned.

白译汉译：人若多言，不可谓智。人若沉稳，脱离恨与怕，则可谓智。

259. **Na tāvatā dhammadharo, yāvatā bahu bhāsati,**

yo ca appam pi sutvāna, dhammaṁ kāyena passati,

sa ve dhammadharo hoti, yo dhammaṁ nappamajjati.

支谦本：奉持法者，不以多言，雖素少聞，身依法行，守道不忘，可謂奉法。

今译：彼称持法故，非为言谈多，纵闻听法少，身体力行之，精进不放逸，彼为真持法。

白译：A man is not a pillar of the Law because he talks much; even if a man has heard but little of the Law, but sees it bodily, he is a pillar of the Law, a man who never neglects the Law.

白译汉译：人若多言，不可谓持法者；即使只听过一点法，但因身视法，他也是持法者，从不对法视而不见。

260. **Na tena thero hoti, yen' assa palitaṁ siro,**

paripakko vayo tassa, "moghajiṇṇo" ti vuccati.

支谦本：所謂老者，不必年耆，形熟髮白，惷愚而已。

今译：不因白头故，即尊为长老，纵然有老态，亦是徒白头。

白译：A man is not an elder because his head is grey; his age may be ripe, but he is called 'Old-in-vain.'

白译汉译：人不因白头而年长；一个人年岁虽熟，却徒有年长之名。

261. **Yamhi saccañca dhammo ca, ahiṁsā saññamo damo,**

sa ve vantamalo dhīro, "thero" ti pavuccati.

支谦本：謂懷諦法，順調慈仁，明遠清潔，是為長老。

今译：于彼有真谛，具法不杀生，节制而无欲，灭尽诸尘垢，此等贤德人，方称长老尊。

白译：He in whom there is truth, virtue, gentleness, self-control, moderation, he who is steadfast and free from impurity, is rightly called an elder.

白译汉译：有真谛、有德性、温情、自制、适中的人，坚毅而摆脱了不纯的人，堪称长者。

262. **Na vākkaraṇamattena, vaṇṇapokkharatāya vā,**

sādhurūpo naro hoti, issukī maccharī saṭho.

支谦本：所謂端政，非色如花，慳嫉虛飾，言行有違。

今译：妒忌悭吝，虚假伪善，此等之人，纵有辩才，或美姿颜，亦不可敬。

白译：An envious, parsimonious, deceitful man does not become respectable merely by much talking or by the beauty of his complexion.

白译汉译：嫉妒、悭吝、诡谲之人，不因多言或姿颜而受人尊敬。

263. **Yassa c'etaṁ samucchinnaṁ, mūlaghaccaṁ samūhataṁ,**

sa vantadoso medhāvī, “sādhurūpo” ti vuccati.

支谦本：謂能捨惡，根原已斷，慧而無恚，是謂端政。

今译：于彼之心，斩断诸念，根除不复，无怨贤智，是为可敬。

白译：He in whom all this is destroyed, and taken out by the very root, he, when freed from hatred and wise, is called respectable.

白译汉译：人将这些心思都毁弃，且连根拔除，绝恨有智，堪称可敬。

264. **Na muṇḍakena samaṇo, abbato alikaṁ bhaṇaṁ;**

icchālobhasamāpanno, samaṇo kiṁ bhavissati.

支谦本：所謂沙門，非必除髮，妄語貪取，有欲如凡。

今译：破戒妄言，纵然削发，不称沙门，贪欲充盈，何以为僧？

白译：Not by tonsure does an undisciplined man who speaks falsehood become a monk; can a man be a monk who is still held captive by lust and greediness?

白译汉译：剃度不能使一个伪言而无戒的人成为沙门；一个受制于欲望和贪婪的人，怎能称之为沙门？

265. **Yo ca sameti pāpāni, aṇuṁthūlāni sabbaso;**

samitattā hi pāpānaṁ, “samaṇo” ti pavuccati.

支谦本：謂能止惡，恢廓弘道，息心滅意，是為沙門。

今译：灭除诸恶，或大或小，是为沙门，诸恶平息。

42 白译：He who always quiets the evil whether small or large, he is called a Samana (a quiet man) because he has quieted all evil.

白译汉译：无论恶是大是小，都能够将其平息之人，可称其为沙门，因他能将恶止息。

266. **Na tena bhikkhu hoti, yāvatā bhikkhate pare;**

vissaṁ dhammaṁ samādāya, bhikkhu hoti na tāvatā.

支谦本：所謂比丘，非時乞食，邪行婬彼，稱名而已。

今译：行乞求生，仅此不称比丘；奉行[①]恶法，仅此不称比丘。

白译：A man is not a mendicant simply because he asks others for alms — not even if he has professed the whole Law.

白译汉译：求人施舍，不足做比丘；即便行法全整，也是如此。

267. **Yo 'dha puññañca pāpañca, bāhetvā brahmacariyavā,**

saṅkhāya loke carati, sa ve "bhikkhū"ti vuccati.

支谦本：謂捨罪福，淨修梵行，慧能破惡，是為比丘。

今译：超越善与恶，勤修习梵行，知而住此世，此乃真比丘。

白译：He who is beyond merit and demerit, who lives chastely, who with knowledge passes through the world, is truly called a mendicant.

白译汉译：人能超越福恶而生活高洁，凭借知识行于世上，堪称比丘。

268. 269. **Na monena muni hoti, mūḷharūpo aviddasu;**

yo ca tulaṁ va paggayha, varam ādāya paṇḍito.

Pāpāni parivajjeti, sa muni tena so muni;

---

① 对应原文vissaṁ，白璧德译为whole（全的），约翰·卡特译为foul（恶劣的）。此处从后者。

yo munāti ubho loke, "muni" tena pavuccati.

支谦本：所謂仁明，非口不言，用心不淨，外順而已。謂心無為，内行清虛，此彼寂滅，是為仁明。

今译：无知且愚钝，不因静默故，得称为牟尼。智者如权衡，舍恶而取善，乃得为牟尼，了然知两界，可称名牟尼。

白译：A man is not a sage (*muni*) because he observes silence (*mona*), if he is foolish and ignorant; but the man who, taking the balance, chooses the good and rejects the evil, is a sage and for that very reason. He who understands both worlds is therefore called a sage.

白译汉译：人守静默，还不是牟尼，如果他愚蠢而无知；人能权衡，择善拒恶，便成牟尼。能知晓两界的人，可因此称为牟尼。

270. **Na tena ariyo hoti, yena pāṇāni hiṁsati;**
ahiṁsā sabbapāṇānaṁ, "ariyo" ti pavuccati.

支谦本：所謂有道，非救一物，普濟天下，無害為道。

今译：杀生难成圣，不害乃成圣。

白译：A man is not one of the Noble (Ariya) because he injures living creatures; he is so called because he refrains from injuring all living creatures.

白译汉译：伤害生灵之人，不能跻身圣者；不伤生灵，方能称为圣者。

271. 272. **Na sīlabbatamattena, bāhusaccena vā puna,**
atha vā samādhilābhena, viviccasayanena vā.

Phusāmi nekkhammasukhaṁ, aputhujjanasevitaṁ,

bhikkhu vissāsamāpādi appatto āsavakkhayaṁ.

支谦本：戒眾不言，我行多誠，得定意者，要由閉損。意解求安，莫習凡人，使結未盡，莫能得脫。

今译：不因守戒律，亦不因多闻，不因证三昧，或因远世尘，“此等出离乐，凡人难知晓”[①]，诸比丘闻听，汝等漏未尽，且自多努力。

白译：Not merely by discipline and vows, nor again by much learning, not by entering into meditation, nor yet by sleeping apart do I earn the bliss of release which no worldling can know. Monk, be not confident as long as thou hast not attained the extinction of desire.

白译汉译：人不因戒禁和誓愿，不因多识，不因浸入静思，不因独居，而能得世人所不知的出离之乐。比丘啊，只要你还没有做到灭尽欲望，就不要洋洋自得。

---

① 此处疑白璧德误译。约翰·卡特认为此处与上句相连，为否定之意，即，不因有此等出离感受而成佛。亦可参见瓦来里·J. 罗布克（Valerie J. Roebuck）的翻译与注释（*The Dhammapada*, Penguin Classics, 2010）。以上两家均倾向于认为Phusāmi受na控制，此处从此说。

43 二十　道品（Maggavaggo）

273. **Maggān' aṭṭhaṅgiko seṭṭho, saccānaṁ caturo padā,**
virāgo seṭṭho dhammānaṁ, dipadānañca cakkhumā.

支谦本：八直最上道，四諦為法迹，不婬行之尊，施燈必得眼。

今译：八支道最胜，四句谛最胜，无欲法最胜，具眼人最胜。

白译：The best of ways is the eightfold; the best of truths the four sayings; the best of states passionless; the best of men he who has eyes to see.

白译汉译：诸道之中，八道最高；诸谛之中，四谛最高；诸法之中，无欲最高；诸人之中，明目洞察者最高。

274. **Es'eva maggo natth' añño, dassanassa visuddhiyā, etaṁ**
hi tumhe paṭipajjatha, mārass'etaṁ pamohanaṁ.

支谦本：是道無復畏，見淨乃度世，此能壞魔兵，力行滅邪苦。

今译：此乃唯一道，领汝见清净，践踏此道行，魔王亦昏惑。

白译：This is the way, there is no other that leads to purity of vision. Go on this way! So shall ye confound Māra (the tempter).

白译汉译：正是此道，而无别道可通向清净之见。行依此道！这样你们才能让天魔（诱惑者）迷惘。

275. **Etaṁ hi tumhe paṭipannā, dukkhass' antaṁ karissatha,**

akkhāto ve mayā maggo, aññāya sallasanthanaṁ.

支谦本：吾語汝法，愛箭為射，宜以自勗，受如來言。

今译：践踏此道行，诸苦皆灭尽，此道乃我说，欲箭平息时。

白译：If you go on this way you will make an end of suffering. The way was taught by me when I had understood the removal of the arrow of grief.

白译汉译：如果你们行践此道，你们就会终结苦痛。当我知晓如何除去悲恸之箭矢，道便由我传授。

276. **Tumhehi kiccaṁ ātappaṁ, akkhātāro Tathāgatā;**

paṭipannā pamokkhanti, jhāyino Mārabandhanā.

支谦本：我已開正道，為大現異明，已聞當自行，行乃解邪縛。

今译：汝当自努力，如来仅为师，禅定行此道，天魔系缚灭。

白译：You yourself must make an effort. The Tathāgatas (Buddhas) are only teachers. The meditative who enter the way are freed from the bondage of Māra.

白译汉译：你们自己要奋力。如来（佛陀）只是导师。能入道的思考者，可摆脱天魔的束缚。

277. **"Sabbe saṅkhārā aniccā" ti, yadā paññāya passati,**

atha nibbindati dukkhe; esa maggo visuddhiyā.

支谦本：生死非常苦，能觀見為慧，欲離一切苦，行道一切除。

今译:“诸行皆无常”,慧眼照见之,出离诸苦恼,此乃清净道[①]。

白译:‘All existing things are transient.’ He who knows and sees this ceases to be the thrall of grief.

白译汉译:“一切无常。”人能知能见此理,可免悲苦之役。

278. **“Sabbe saṅkhārā dukkhā” ti, yadā paññāya passati,**
atha nibbindati dukkhe; esa maggo visuddhiyā.

支谦本:知眾行苦,是為慧見,罷厭世苦,從是道除。

今译:“诸行皆是苦”,慧眼照见之,出离诸苦恼,此乃清净道。

白译:‘All existing things are involved in suffering.’ He who knows and perceives this ceases to be the thrall of grief.

白译汉译:“一切皆苦。”人能知能觉此理,可免悲苦之役。

279. **“Sabbe dhammā anattā” ti, yadā paññāya passati,**
atha nibbindati dukkhe; esa maggo visuddhiyā.

支谦本:眾行非身,是為慧見,罷厭世苦,從是道除。

今译:“诸法皆无我”[②],慧眼照见之,出离诸苦恼,此乃清净道。[③]

白译:‘All existing things are unreal.’ He who knows and perceives this is no longer the thrall of grief.

白译汉译:“一切非真。”人能知能觉此理,不再受悲苦之役。

---

① 最后一句白璧德漏译。

② 此句原文为Sabbe dhammā anattā,意为“诸法无我”,白璧德译文有误。

③ 第277、278、279三偈乃三法印。

280. **Uṭṭhānakālamhi anuṭṭhahāno, yuvā balī ālasiyaṁ upeto,**
saṁsannasaṅkappamano kusīto, paññāya maggaṁ alaso na vindati.

支谦本：起時當即起，莫如愚覆淵，與墮與瞻聚，計罷不進道。

今译：不以时奋起，少壮怠且惰，意志消又沉，彼者不得道。

白译：He who does not rouse himself when it is time to rise, who though young and strong is full of sloth, whose will and thought are weak, that lazy and idle man will never find the way to wisdom.

白译汉译：当奋起之时，却不奋起；虽青壮之年，却满是慵懒；意念薄弱；人若如此懒惰闲荡，就永远不着智慧之道。

281. **Vācānurakkhī manasā susaṁvuto, kāyena ca nākusalaṁ kayirā,**
ete tayo kammapathe visodhaye, ārādhaye maggam isippaveditaṁ.

支谦本：慎言守意念，身不善不行，如是三行除，佛說是得道。

今译：慎语而制意，勿造身恶业，净此三业道，得圣所示道。

白译：Watching his speech, well restrained in mind, let a man never commit any wrong with his body. Let a man but keep those roads of action clear, and he will achieve the way which is taught by the wise.

白译汉译：言语慎重，心意节制，不要以身犯错。让诸业道清净，便会得智者所授之道。

282. **Yogā ve jāyati bhūri, ayogā bhūrisaṅkhayo;**
etaṁ dvedhāpathaṁ ñatvā, bhavāya vibhavāya ca,

tath' attānaṁ niveseyya, yathā bhūri pavaḍḍhati.

支谦本：念應念則正，念不應則邪，慧而不起邪，思正道乃成。

今译：慧自瑜伽生，不修慧自灭，了悟此二道，及其得与失，自行多努力，以求智慧增。

44 白译：Through meditation wisdom is won, through lack of meditation wisdom is lost; let a man who knows this double path of gain and loss so conduct himself that wisdom may grow.

白译汉译：因为静思而得到智慧，因为缺乏静思而失去智慧。懂得这种得失两道的人，以此安顿自我，方增智慧。

283. **Vanaṁ chindatha mā rukkhaṁ, vanato jāyate bhayaṁ;**

chetvā vanañca vanathañca, nibbanā hotha bhikkhavo.

支谦本：斷樹無伐本，根在猶復生，除根乃無樹，比丘得泥洹。

今译：伐砍欲之林，莫徒斫一棵，欲林生忧怖，斫伐林与丛，听我众比丘，汝为无欲林。

白译：Cut down the whole forest (of lust), not a tree only! Danger comes out of the forest (of lust); when you have cut down the forest (of lust) and its undergrowth, then, monks, you will be rid of the forest and free!

白译汉译：要伐倒（欲望之）森林，而不只是砍倒一树！险从（欲望之）林中来；比丘，当你伐倒这片（欲望之）森林及其乱丛，便会脱离这片森林而得自由。

284. **Yāva hi vanatho na chijjati, aṇumatto pi narassa nārisu,**

paṭibaddhamano va tāva so, vaccho khīrapako va mātari.

支谦本：不能斷樹，親戚相戀，貪意自縛，如犢慕乳。

今译：男女欢爱意，不断心如系，如初犊恋母，难脱于牛乳。

白译：So long as the love, even the smallest, of man towards woman is not destroyed, so long is his mind in bondage, as the calf that drinks milk is to its mother.

白译汉译：男子对女子之爱只要没能破除，无论这爱意多么微小，他的心就还是在枷锁之中，如牛犊饮其母乳。

285. **Ucchinda sineham attano, kumudaṁ sāradikaṁ va pāṇinā;**

santimaggam eva brūhaya, nibbānaṁ sugatena desitaṁ.

支谦本：能斷意本，生死無彊，是為近道，疾得泥洹。

今译：手断秋之莲，斤伐己之爱，呵护寂静道，善去达涅槃。

白译：Cut out the love of self like an autumn lotus with thy hand! Cherish the road of peace. The Happy One has shown the way to Nirvāna.

白译汉译：斩断自身之爱，如用手折下秋季之莲。珍重平静之道，幸福的人已示涅槃之路。

286. **Idha vassaṁ vasissāmi, idha hemantagimhisu,**

iti bālo vicinteti, antarāyaṁ na bujjhati.

支谦本：暑當止此，寒當止此，愚多務慮，莫知來變。

今译：“此处可避雨，冬暑亦可庇”，愚者如是想，不知死将至。

白译：‘Here I shall dwell in the rain, here in winter and summer,’ thus the fool fancies and does not think of his death.

白译汉译："雨季，我将栖居于此，冬夏亦然。"愚人如此思量，却觉察不到死亡。

287. **Taṁ puttapasusammattaṁ, byāsattamanasaṁ naraṁ;**
suttaṁ gāmaṁ mahogho va, maccu ādāya gacchati.

支谦本：人營妻子，不觀病法，死命卒至，如水湍驟。

今译：沉溺子与畜，心意执与着，如有大洪水，摧拉沉睡村。

白译：Death comes and carries off that man absorbed in his children and flocks, his mind distracted, as a flood carries off a sleeping village.

白译汉译：死亡来至，带走那些沉溺于子嗣和家畜的人，他心意偏离，如同洪水席卷睡梦中的村庄。

288. **Na santi puttā tāṇāya, na pitā n'āpi bandhavā,**
antakenādhipannassa, natthi ñātīsu tāṇatā.

支谦本：非有子恃，亦非父兄，為死所迫，無親可怙。

今译：父子与亲眷，难以施援手，彼为死所缠，旁人无所助。

白译：Sons are no help, nor a father, nor relations; there is no help from kinsfolk for one whom Death has seized.

白译汉译：子嗣无法施援，父亲无救，亲属无援。对于已经被死亡缠上的亲人，无人可救。

289. **Etam atthavasaṁ ñatvā, paṇḍito sīlasaṁvuto,**

nibbānagamanaṁ maggaṁ, khippam eva visodhaye.

支谦本：慧解是意，可修經戒，勤行度世，一切除苦。

今译：了知其中意，智者持戒律①，速令扫除净，通向涅槃路。

白译：A wise and good man who knows the meaning of this should quickly clear the way that leads to Nirvāna.

白译汉译：能懂此中意义，有智且善良的人，可速速明晰涅槃之道。

① 此句白壁德漏译。

45 二十一　杂品（Pakiṇṇakavaggo）

290. **Mattāsukhapariccāgā, passe ce vipulaṁ sukhaṁ,**

caje mattāsukhaṁ dhīro, sampassaṁ vipulaṁ sukhaṁ.

支谦本：施安雖小，其報彌大，慧從小施，受見景福。

今译：弃小乐则获大乐，智者应如是做。

白译：If by leaving a small pleasure one sees a great pleasure, let a wise man leave the small pleasure and look to the great.

白译汉译：如果人离弃小乐，便能得见大乐，那就应该让智者离弃小乐而见大乐。

291. **Paradukkhūpadhānena, attano sukham icchati,**

verasaṁsaggasaṁsaṭṭho, verā so na parimuccati.

支谦本：施勞於人，而欲望祐，殃咎歸身，自遘廣怨。

今译：为求己之乐，他身苦相加，彼为怨系缚，永不得解脱。

白译：He who by causing pain to others wishes to obtain happiness for himself, he, entangled in the bonds of hatred, will never be free from hatred.

白译汉译：如果人想使他人痛苦从而让自己快乐，那么他就纠缠于怨恨的束缚中，永远不会从怨恨中解脱。

292. **Yaṁ hi kiccaṁ apaviddhaṁ, akiccaṁ pana kayirati;**

unnaḷānaṁ pamattānaṁ, tesaṁ vaḍḍhanti āsavā.

支谦本：已為多事，非事亦造，伎樂放逸，惡習日增。

今译：应事而未事，不应而事之，傲慢且放逸，彼漏多增长。

白译：What ought to be done is neglected, what ought not to be done is done; the evil proclivities of unruly, heedless people are always increasing.

白译汉译：忘了做该做的，却做了不该做的；无惮无心之人，其恶癖总是见长。

293. **Yesañca susamāraddhā, niccaṁ kāyagatā sati,**

akiccaṁ te na sevanti, kicce sātaccakārino,

satānaṁ sampajānānaṁ, atthaṁ gacchanti āsavā.

支谦本：精進惟行，習是捨非，修身自覺，是為正習。

今译：警勤观己身，不事不应事，坚定已应事，贤智漏灭尽。

白译：But they who, ever alert, meditate on (the evils of) the body, do not follow what ought not to be done, but steadfastly do what ought to be done. The evil proclivities of watchful and wise people will come to an end.

白译汉译：但是，那些一直警觉、静思于身的人，不遵循所不应为，却坚定遵循所应为。谨慎而有智的人会终结恶癖。

294. **Mātaraṁ pitaraṁ hantvā, rājāno dve ca khattiye,**

raṭṭhaṁ sānucaraṁ hantvā, anīgho yāti brāhmaṇo.

支谦本：學先斷母，率君二臣，廢諸營從，是上道人。

今译：击杀母与父，与刹帝利二王，及王国与从臣，趋向无忧婆罗门。

白译：A (true) Brahman goes scatheless, is free from sorrow and remorse though he have killed father and mother, and two kings of the warrior caste, though he has destroyed a kingdom with all its subjects.①

白译汉译：一个真正的婆罗门，能够无恙，且弃绝苦痛与悔恨，即使其杀了父母，即使其杀了刹帝利二王，即使其破国杀臣。

295. **Mātaraṁ pitaraṁ hantvā, rājāno dve ca sotthiye,**

veyyagghapañcamaṁ hantvā, anīgho yāti brāhmaṇo.

《发智论》：逆害於父母，王及二多聞，除虎第五怨，是人說清淨。

今译：击杀母与父，与婆罗门二王，以及第五虎②，趋向无忧婆罗门。

白译：A (true) Brahman is free from sorrow and remorse, though he have killed father and mother, and two Brahman kings and an eminent man besides.

白译汉译：一个（真正的）婆罗门，能够无恙，还弃绝苦痛与悔恨，即使其杀了父母，即使其杀了二婆罗门王及其左右无忧者。

---

① W. E. 克拉克(W. E. Clark)教授认为anīgha这个巴利文词几乎是无法翻译的。这段的意思是："看这个人多么安宁与肃穆，他奉行宗教的生活，即使他犯下如此大的罪行。"——作者原注(译者按：约翰·卡特的注解则认为另有他意。句中的"母"指的是人的欲望，取爱欲生出肉身之意。"父"指的是人的傲慢，取国王自负为王之意。"刹帝利二王"指的是俗人的常见，或求助于"永恒"，或求助于"偶然"。"王国"指的是Āyatana［十二处］，"从臣"指的是依赖十二处而产生的欲望。《杂阿含经》卷十三［《大正新修大藏经》第2册］言："佛告婆罗门：一切者，谓十二入处，眼色、耳声、鼻香、舌味、身触、意法，是名一切。")

② 此处白璧德未翻译出来，对应原文veyyagghapañcamaṁ，指的是五毒中的"疑"，因路有猛虎而心生疑惧而得名。

296. **Suppabuddhaṁ pabujjhanti, sadā Gotamasāvakā,**

yesaṁ divā ca ratto ca, niccaṁ buddhagatā sati.

支谦本：為佛弟子，常寤自覺，晝夜念佛，惟法思眾。

今译：乔达摩弟子，时时常警醒，无论昼与夜，永恒省佛陀。

白译：The disciples of Gotama are always wide awake and watchful, and their thoughts day and night are ever set on Buddha.

白译汉译：乔达摩的弟子总会醒悟而警觉，他们日夜所省思的，总是佛陀。

297. **Suppabuddhaṁ pabujjhanti, sadā Gotamasāvakā,**

yesaṁ divā ca ratto ca, niccaṁ dhammagatā sati.

《出曜经》：善覺自覺者，是瞿曇弟子，晝夜當念是，一心念於法。

今译：乔达摩弟子，时时常警醒，无论昼与夜，永恒省佛法。

白译：The disciples of Gotama are always wide awake and watchful, and their thoughts day and night are ever set on the Law.

白译汉译：乔达摩的弟子总会醒悟而警觉，他们日夜所省思的，总是真法。

298. **Suppabuddhaṁ pabujjhanti, sadā Gotamasāvakā,**

yesaṁ divā ca ratto ca, niccaṁ saṅghagatā sati.

《出曜经》：善覺自覺者，是瞿曇弟子，晝夜當念是，一心念於眾。

今译：乔达摩弟子，时时常警醒，无论昼与夜，永恒省僧伽。

白译：The disciples of Gotama are always wide awake and watchful, 46
and their thoughts day and night are ever set on the Order.

白译汉译：乔达摩的弟子总会醒悟而警觉，他们日夜所省思的，总是僧团。

299. **Suppabuddhaṁ pabujjhanti, sadā Gotamasāvakā,**
yesaṁ divā ca ratto ca, niccaṁ kāyagatā sati.

支谦本：為佛弟子，當寤自覺，日暮思禪，樂觀一心。

今译：乔达摩弟子，时时常警醒，无论昼与夜，永恒省于身。

白译：The disciples of Gotama are always wide awake and watchful, and their thoughts day and night are ever set on the body.

白译汉译：乔达摩的弟子总是醒悟而警觉，他们日夜所省思的，总是身躯。

300. **Suppabuddhaṁ pabujjhanti, sadā Gotamasāvakā,**
yesaṁ divā ca ratto ca, ahiṁsāya rato mano.

《出曜经》：善覺自覺者，是瞿曇弟子，晝夜當念是，一心念不害。

今译：乔达摩弟子，时时常警醒，无论昼与夜，常乐不杀生。

白译：The disciples of Gotama are always wide awake and watchful, and their mind day and night ever delights in compassion.

白译汉译：乔达摩的弟子总是醒悟而警觉，他们日夜所愉悦的，总是悲悯。

301. **Suppabuddhaṁ pabujjhanti, sadā Gotamasāvakā,**
yesaṁ divā ca ratto ca, bhāvanāya rato mano.

支谦本：為佛弟子，當寤自覺，日暮思禪，樂觀一心。

今译：乔达摩弟子，时时常警醒，无论昼与夜，喜乐修禅定。

白译：The disciples of Gotama are always wide awake and thoughtful, and their mind day and night ever delights in meditation.

白译汉译：乔达摩的弟子总是醒悟而警觉，他们日夜所愉悦的，总是静思。

302. **Duppabbajjaṁ durabhiramaṁ, durāvāsā gharā dukhā,**
dukkho 'samānasaṁvāso, dukkhānupatitaddhagū;
tasmā na c' addhagū siyā, na ca dukkhānupatito siyā.

支谦本：學難捨罪難，居在家亦難，會止同利難，難難無過有。

今译：出家难喜乐，在家苦难住，非我共居难，旅居亦苦辛，汝当绝旅居，自然无苦辛。[①]

白译：Hard is the life of a recluse — hard to enjoy. (On the other hand) the householder's life is difficult and burdensome. Painful is it to dwell with unequals. The wayfarer (again) is beset by pain; therefore one should not be a wayfarer and one will not be beset by pain.

白译汉译：出家难，难乐于其中。（此外，）持家也是繁难。彼此共处，却不同等，亦是痛苦。行者也困于苦，所以，不做行者，也就不会困苦了。

303. **Saddho sīlena sampanno, yasobhogasamappito,**
yaṁ yaṁ padesaṁ bhajati, tattha tatth' eva pūjito.

---

① "非我"指的是种姓之别，"旅居"指的是轮回。

支谦本：有信則戒成，從戒多致寶，亦從得諧偶，在所見供養。

今译：正信而具戒，盛名亦有财[①]，彼之所到处，处处有爱戴。

白译：Whatever place a faithful, virtuous, celebrated and wealthy man frequents, there he is held in honour.

白译汉译：坚毅、有德、驰名、有财的人无论造访何处，都受到崇敬。

304. **Dūre santo pakāsenti, Himavanto va pabbato,**
asant' ettha na dissanti, rattiṁ khittā yathā sarā.

支谦本：近道名顯，如高山雪，遠道闇昧，如夜發箭。

今译：善者光芒耀，如同玉雪山，恶者隐其身，如暗夜猎射。

白译：Good people shine from afar, like the peaks of Himalay; bad people are not seen here, like arrows shot by night.

白译汉译：善者虽然身居远处，犹能扬名，如喜马拉雅山巅；恶者虽然身处此地，却被忽视，如黑夜中射出的箭矢。

305. **Ekāsanaṁ ekaseyyaṁ, eko caram atandito,**
eko damayam attānaṁ, vanante ramito siyā.

支谦本：一坐一處臥，一行無放恣，守一以正身，心樂居樹間。

今译：孜孜独眠卧，无伴亦不倦，调伏其心神，林中自喜乐。

白译：He who, unwearied, sits alone, sleeps alone, and walks alone, who, alone, subdues himself, will find delight in the outskirts of

---

① 指七财，参见《中阿含经》卷二十一（《大正新修大藏经》第1册）："阿难！我本为汝说七财，信财，戒、惭、愧、闻、施、慧财。阿难！此七财，汝当为诸年少比丘说以教彼，若为诸年少比丘说教此七财者，彼便得安隐，得力得乐，身心不烦热，终身行梵行。"

the forest.

白译汉译：人能独坐、独寝、独行而不倦，能在独处中控制自身，他即使在森林边缘，也能自得其乐。

二十二　地狱品（Nirayavaggo）

306. **Abhūtavādī nirayaṁ upeti, yo vāpi katvā na karomi c' āha;**
ubho pi te pecca samā bhavanti, nihīnakammā manujā parattha.

支谦本：妄語地獄近，作之言不作，二罪後俱受，是行自牽往。

今译：口中言妄语，做而不认承，两者皆同类，恶业随转世。

47 白译：He who says what is not, goes to hell, he also who, having done a thing, says I have not done it. After death both are equal, they are men with evil deeds in the next world.

白译汉译：妄言之人，必入地狱，那些已做却说未做的人，也必如此。二者死后无异，他们在来世也都有恶业。

307. **Kāsāvakaṇṭhā bahavo pāpadhammā asaññatā;**
pāpā pāpehi kammehi, nirayaṁ te upapajjare.

支谦本：法衣在其身，為惡不自禁，苟沒惡行者，終則墮地獄。

今译：身着袈裟衣，恶行无节制，恶人因恶业，终堕入地狱。

白译：Many men whose shoulders are covered with the yellow robe are of bad character and unrestrained; such evil-doers by their evil deeds go to hell.

白译汉译：许多人肩披黄衣袈裟 ，却品性坏，无节制；这些行恶者会因为他们的恶业下地狱。

308. **Seyyo ayoguḷo bhutto, tatto aggisikhūpamo,**

yañcce bhuñjeyya dussīlo, raṭṭhapiṇḍaṁ asaññato.

支谦本：無戒受供養，理豈不自損，死噉燒鐵丸，然熱劇火炭。

今译：口内含火球，灼热烧难耐，强似恶行人，放逸受信施。

白译：Better it would be to swallow a heated iron ball like flaring fire, than to live, a bad, unrestrained fellow, on the charity of the land.

白译汉译：人靠着大地的舍施，却作恶行，而无节制，还不如咽下滚火的烙铁球。

309. **Cattāri ṭhānāni naro pamatto, āpajjati paradārūpasevī:**

apuññalābhaṁ na nikāmaseyyaṁ, nindaṁ tatiyaṁ nirayaṁ catutthaṁ.

支谦本：放逸有四事，好犯他人婦，臥險非福利，毀三淫泆四。

今译：觊觎邻人妻，放逸受四难，无福无安睡，受诘地狱沉。

白译：Four things befall the heedless man who courts his neighbour's wife — first, acquisition of demerit, secondly, an uncomfortable bed, thirdly, evil report, and lastly, hell.

白译汉译：无节制的人求淫于邻人之妻，必遭四事：一得祸，二难寝，三遭非议，四入地狱。

310. **Apuññalābho ca gatī ca pāpikā, bhītassa bhītāya ratī ca thokikā,**

rājā ca daṇḍaṁ garukaṁ paṇeti, tasmā naro paradāraṁ na seve.

支谦本：不福利墮惡，畏惡畏樂寡，王法重罰加，身死入地獄。

今译：无福地狱沉，惧怖喜乐鲜，王者亦加罪，切勿思邻妇。

白译：There is acquisition of demerit, and the downward path (to hell), there is the short pleasure of the frightened in the arms of the frightened, and the imposition by the king of heavy punishment; therefore let no man think of his neighbour's wife.

白译汉译：会遭难，还有（通往地狱的）向下之途。在恐惧中鲜有乐趣，还会受王所施的重罚。因此，不要惦记邻人之妻了。

311. **Kuso yathā duggahīto, hattham ev'ānukantati,**

sāmaññaṁ dupparāmaṭṭhaṁ, nirayāy'upakaḍḍhati.

支谦本：譬如拔菅草，執緩則傷手，學戒不禁制，獄錄乃自賊。

今译：手持绿香茅，不慎即割手，沙门作恶行，亦趋地狱行。

白译：As a grass-blade, if badly grasped, cuts the hand, badly-practised asceticism leads to hell.

白译汉译：如同草叶片拿得不好会割手，沙门行恶，就会走向地狱。

312. **Yaṁ kiñci sithilaṁ kammaṁ, saṁkiliṭṭhañca yaṁ vataṁ,**

saṅkassaraṁ brahmacariyaṁ, na taṁ hoti mahapphalaṁ.

支谦本：人行為慢惰，不能除眾勞，梵行有玷缺，終不受大福。

今译：诸种懈惰行，破戒多污染，修梵有旁虑，彼无大果终。

白译：An act carelessly performed, a broken vow, and a wavering obedience to religious discipline, — all this bears no great fruit.

白译汉译：行为不慎，承诺不守，信教不定，这一切都将无硕果。

313. **Kayirā ce kayirāth' enaṁ, daḷham enaṁ parakkame;**
sithilo hi paribbājo, bhiyyo ākirate rajaṁ.

支谦本：常行所當行，自持必令強，遠離諸外道，莫習為塵垢。

今译：如有应作事，勤勉多奋进，放荡游行僧，徒染欲之尘。

白译：If anything is to be done, let a man do it, let him attack it vigorously! A lax ascetic only scatters the dust (of his passions) more widely.

白译汉译：如果有事要做，那就做吧，好好用功！慵懒的沙门，只会将（欲望之）尘埃播撒更广。

314. **Akataṁ dukkataṁ seyyo, pacchā tapati dukkataṁ,**
katañca sukataṁ seyyo, yaṁ katvā nānutappati.

支谦本：為所不當為，然後致欝毒，行善常吉順，所適無悔悋。

今译：恶业切莫造，善莫大于焉，造之苦果随，善业须常造，善莫大于焉，造之无苦果。

白译：An evil deed is better left undone, for a man feels remorse for it 48
afterwards; a good deed is better done, for having done it, one
does not feel remorse.

白译汉译：如有恶行，不如弃而不为，因为人会为此追悔；如有善行，不如为之，因为人这样才不后悔。

315. **Nagaraṁ yathā paccantaṁ, guttaṁ santarabāhiraṁ,**

evaṁ gopetha attānaṁ, khaṇo vo mā upaccagā;

khaṇātītā hi socanti, nirayamhi samappitā.

支谦本：如備邊城，中外牢固，自守其心，非法不生，行缺致憂，令墮地獄。

今译：譬如城外墙，内外皆有防，守己应如是，刹那莫放纵，刹那放纵者，受苦沉地狱。

白译：Like a well-guarded frontier fort, with defences within and without, so let a man guard himself. Not a moment should escape, for they who allow the right moment to pass, suffer pain when they are in hell.

白译汉译：要守护自己，如同守卫完备的边境堡垒，内外坚固。不让片刻时光流逝，因为谁放走须臾，谁便会在地狱受苦。

316. **Alajjitāye lajjanti, lajjitāye na lajjare,**

micchādiṭṭhisamādānā, sattā gacchanti duggatiṁ.

支谦本：可羞不羞，非羞反羞，生為邪見，死墮地獄。

今译：耻不应耻之事，不耻应耻之事，心怀此等邪见，堕入恶趣地狱。

白译：They who are ashamed of what they ought not to be ashamed of, and are not ashamed of what they ought to be ashamed of, such men, embracing false doctrines, enter the downward path.

白译汉译：不应为之羞耻的却为之羞耻，应为之羞耻的却不知耻。此类信奉邪见之人行下坠之途。

317. **Abhaye bhayadassino, bhaye c’ābhayadassino,**

micchādiṭṭhisamādānā, sattā gacchanti duggatiṁ.

支谦本：可畏不畏，非畏反畏，信向邪見，死墮地獄。

今译：惧不应惧之事，不惧应惧之事，心怀此等邪见，堕入恶趣地狱。

白译：They who fear when they ought not to fear, and fear not when they ought to fear, such men, embracing false doctrines, enter the downward path.

白译汉译：不应惧怕时却惧怕，应惧怕时却不惧怕。此类信奉邪见之人行下坠之途。

318. **Avajje vajjamatino, vajje c'āvajjadassino,**

micchādiṭṭhisamādānā, sattā gacchanti duggatiṁ.

支谦本：可避不避，可就不就，翫習邪見，死墮地獄。

今译：无罪以为罪，有罪眼不见，心怀此等邪见，堕入恶趣地狱。

白译：They who see sin where none exists, and do not see it where it does exist, such men, embracing false doctrines, enter the downward path.

白译汉译：罪不存在却能看到，罪虽存在却看不见。此类信奉邪见之人行下坠之途。

319. **Vajjañca vajjato ñatvā, avajjañca avajjato,**

sammādiṭṭhisamādānā, sattā gacchanti suggatiṁ.

支谦本：可近則近，可遠則遠，恒守正見，死墮善道。

今译：见罪知为罪，见不罪不罪，心怀此等正见，趋于善道。

白译：They who know what is forbidden as forbidden, and what is not forbidden as not forbidden, such men, embracing the true doctrine, enter the good path.

白译汉译：知戒为戒，知非戒为非戒。此类信奉正见之人行正途。

二十三 象品（Nāgavaggo）

320. **Ahaṁ nāgo va saṅgāme, cāpato patitaṁ saraṁ,**

ativākyaṁ titikkhissaṁ, dussīlo hi bahujjano.

支谦本：我如象鬬，不恐中箭，當以誠信，度無戒人。

今译：箭矢非如雨，象亦挺受之，吾亦当如是，忍辱诸诽谤：世人多无戒。

白译：Patiently shall I endure abuse as the elephant in battle endures the arrow sent from the bow: for the world is ill-natured.

白译汉译：我将忍耐辱骂，如同大象在战场能耐弓弩射出的箭矢，因为世人本恶。

321. **Dantaṁ nayanti samitiṁ**[①]**, dantaṁ rājā'bhirūhati,**

danto seṭṭho manussesu, yo'tivākyaṁ titikkhati.

支谦本：譬象調正，可中王乘，調為尊人，乃受誠信。

今译：驯象可共人，能为王者驾，若能忍谤言，是为人上人。

白译：They lead a tamed elephant to battle, the king mounts a tamed elephant; the tamed is the best among men, he who patiently endures abuse.

---

① 约翰·卡特注samitiṁ意为“集会，人群”等。此处白璧德译之为battle（战争）有误。

白译汉译：他们驱驰已驯之象进入战场，而王也驾驶冲杀。已驯之人是人中极致，可耐诽谤。

322. **Varam assatarā dantā, ājānīyā ca sindhavā,**
kuñjarā ca mahānāgā, attadanto tato varaṁ.

支谦本：雖為常調，如彼新馳，亦最善象，不如自調。

今译：骡马若驯之，是为上上品，良象亦如是，驯己更为善。

白译：Mules are good if tamed, and noble Sindhu horses[1], and great elephants; but he who tames himself is better still.

白译汉译：骡马优良，如果能被驯服；还有辛头良马及良象，皆是如此。但是，能驯服自己的人更为优秀。

323. **Na hi etehi yānehi, gaccheyya agataṁ disaṁ,**
yathāttanā sudantena, danto dantena gacchati.

支谦本：彼不能適，人所不至，唯自調者，能到調方。

今译：骑乘彼兽类，难达未踏地，制服调御己，方能达目的。

白译：For with these riding-animals does no man reach the untrodden country to which tamed, one must go upon the tamed, namely, upon one's own well-tamed self.

白译汉译：靠着这些乘兽，没人能到达无人之境；已驯之人唯有凭借已驯者，即凭借已驯之自我，才能到达这样的境地。

① 辛头良马(Sindhu horses)，据称产自辛头河流域的辛头国。辛头河，即今印度河。

324. **Dhanapālako nāma kuñjaro, kaṭukapabhedano dunnivārayo;**

baddho kabalaṁ na bhuñjati, sumarati nāgavanassa kuñjaro.

支谦本：如象名財守，猛害難禁制，繫絆不與食，而猶暴逸象。

今译：名为护财象，恶臭难驯伏，粒米皆不食，唯思林中群。

白译：The elephant called Dhanapālaka, his temples running with *must*[1], and difficult to hold, does not eat a morsel when bound; the elephant longs for the elephant grove.

白译汉译：这象名为“守财”，身体散发恶味，而难抑其臭，被束缚的时候不会进食一口；大象只向往象林。

325. **Middhī yadā hoti mahagghaso ca, niddāyitā samparivattasāyī,**

mahāvarāho va nivāpapuṭṭho, punappunaṁ gabbham upeti mando.

支谦本：沒在惡行者，恒以貪自繫，其象不知厭，故數入胞胎。

今译：懒惰而好食，困倦时贪眠，饕餮如豕彘，愚者数轮回。

白译：If a man becomes lazy and a great eater, if he is sleepy and rolls himself round like a great hog fed on wash, that fool is born again and again.

白译汉译：如果人慵懒而嗜食，贪睡而辗转，如吃槽食的猪豚，这样的愚人会不断轮回。

---

① 参考富兰克林·艾德戈尔顿(Franklin Edgerton)所著《印度的象》(*The Elephant-Lore of the Hindus*)一书(耶鲁大学出版社，第29—38页)。——作者原注(译者按：艾德戈尔顿书中提到由尼拉坎塔[Nilakantha]所著的梵文象学著作《大象游娱》[*Matanga-lila*]第九章，此章专述了大象在发情期的种种暴烈举动，其如若欲望得不到满足，则太阳穴会肿胀流脓，恶臭无比。)

326. **Idaṁ pure cittam acāri cārikaṁ, yen'icchakaṁ yatthakāmaṁ yathāsukhaṁ;**

Tad ajj' ahaṁ niggahessāmi yoniso, hatthippabhinnaṁ viya aṅkusaggaho.

支谦本：本意為純行，及常行所安，悉捨降伏結，如鉤制象調。

今译：吾心尝漫游，飘飘心所欲，今当调伏之，如驯暴戾象[①]。

白译：This mind of mine went formerly wandering about as it liked, as it listed, as it pleased; but I shall now control it perfectly as a rider controls with his hook a rutting elephant.

白译汉译：我心曾经游荡，随喜、随欲、随欢。但我现在要节制，要臻于完善，如同御者用钩驯服发情的大象。

327. **Appamādaratā hotha, sacittam anurakkhatha, duggā uddharath' attānaṁ, paṅke sanno va kuñjaro.**

支谦本：樂道不放逸，能常自護心，是為拔身苦，如象出于埳。

今译：喜乐不放逸，伏护制己心，自救出邪道，如象陷淖池。

白译：Delight in earnestness, guard well your thoughts. Draw yourself out of the evil way, like an elephant sunk in mud.

白译汉译：在不放逸中得到喜乐，好好守卫你的思量。如同深陷泥淖的大象，要将自己带出恶途。

328. **Sace labhetha nipakaṁ sahāyaṁ, saddhiṁ caraṁ sādhuvihāridhīraṁ,**

① 指发情期的象。

abhibhuyya sabbāni parissayāni, careyya ten' attamano satīmā.

支谦本：若得賢能伴，俱行行善悍，能伏諸所聞，至到不失意。

今译：若得贤明伴，行善多思虑，与之共行旅，喜乐无畏难。

白译：If a man find a prudent companion to walk with, one who is 50 upright and steadfast, he may walk with him, overcoming all dangers, happy but considerate.

白译汉译：如果能和审慎者同行，他正直而坚毅，就应与之同行，得到幸福，变得慎重，克服一切险阻。

329. **No ce labhetha nipakaṁ sahāyaṁ, saddhiṁ caraṁ sādhuvihāridhīraṁ,**
rājā va raṭṭhaṁ vijitaṁ pahāya, eko care mātaṅgaraññe va nāgo.

支谦本：不得賢能伴，俱行行惡悍，廣斷王邑里，寧獨不為惡。

今译：若无贤明伴，行善多思虑，踽踽且独行，如王弃疆土，如象林中步。

白译：If a man find no prudent companion to walk with, no one who is upright and steadfast, let him walk alone like a king who has left his conquered country behind, —like an elephant in the forest.

白译汉译：如果不能和审慎者同行，同伴不正直，不坚毅，就应独行，如王离弃征服的领土，如独象入林。

330. **Ekassa caritaṁ seyyo, natthi bāle sahāyatā,**
eko care na ca pāpāni kayirā, appossukko mātaṅgaraññe va nāgo.

支谦本：寧獨行為善，不與愚為侶，獨而不為惡，如象驚自護。

今译：愚顽共为伍，毋宁独自行，行善离恶欲，如象林中步。

白译：It is better to live alone, there is no companionship with a fool; let a man walk alone, let him commit no sin, (let him do) with few wishes, like an elephant in the forest.

白译汉译：独居更好，和愚人没有友谊可言；让人独行吧，不犯罪过，减少愿念，如独象入林。

331. **Atthamhi jātamhi sukhā sahāyā, tuṭṭhī sukhā yā itarītarena, puññaṁ sukhaṁ jīvitasaṅkhayamhi, sabbassa dukkhassa sukhaṁ pahānaṁ.**

今译：应时良朋乐，知足无欲乐，寿终善业乐，出离诸苦乐。

白译：If an occasion arises friends are pleasant; enjoyment is pleasant when one shares① it with another; a good work is pleasant in the hour of death; the giving up of all grief is pleasant.

白译汉译：有需要的时候，有朋友让人快乐；愉悦让人快乐，如果能与人分享；善业在将死之时让人快乐；放弃一切悲痛，才让人快乐。

332. **Sukhā matteyyatā loke, atho petteyyatā sukhā; sukhā sāmaññatā loke, atho brahmaññatā sukhā.**

支谦本：生而有利安，伴軟和為安，命盡為福安，眾惡不犯安。

今译：世间敬母多喜乐，世间敬父多喜乐，世间敬沙门多喜乐，世间敬婆罗门多喜乐。②

白译：Pleasant in this world is the state of a mother, pleasant the state

① 白壁德译文中的share（分享）一义无巴利原文对应。
② 白壁德译文未将"尊敬"一义翻译出来。

of a father, pleasant the state of a monk, pleasant the state of a Brahman.

白译汉译：在此世，身为母亲让人快乐，身为父亲让人快乐，身为沙门让人快乐，身为婆罗门让人快乐。

333. **Sukhaṁ yāva jarā sīlaṁ, sukhā saddhā patiṭṭhitā,**
sukho paññāya paṭilābho pāpānaṁ akaraṇaṁ sukhaṁ.

支谦本：持戒終老安，信正所正善，智慧最安身，不犯惡最安。

今译：持戒终老乐，正信恒定乐，修定智慧乐，诸恶不作乐。

白译：Pleasant is virtue lasting to old age, pleasant is a faith firmly rooted, pleasant is the attainment of intelligence, pleasant is avoiding of sins.

白译汉译：人有德性，延及老年，让人快乐；巩固信念，让人快乐；得到智慧，让人快乐；规避罪行，让人快乐。

51 # 二十四 爱欲品（Taṇhāvaggo）

334. **Manujassa pamattacārino, taṇhā vaḍḍhati māluvā viya,**

so plavati hurāhuraṁ, phalam icchaṁ va vanasmiṁ vānaro.

支谦本：心放在婬行，欲愛增枝條，分布生熾盛，超躍貪果猴。

今译：放逸多渴爱，滋蔓如藤萝，此生到彼生，如猿求林果。

白译：The thirst of a heedless man grows like a creeper; he runs from life to life, like a monkey seeking fruit in the forest.

白译汉译：人漫不经心，其爱欲如同藤蔓般蔓延，他从一世奔向另一世，如同猿猴在森林找寻果食。

335. **Yaṁ esā sahate jammī, taṇhā loke visattikā,**

sokā tassa pavaḍḍhanti abhivaṭṭaṁ va bīraṇaṁ.

支谦本：以為愛忍苦，貪欲著世間，憂患日夜長，莚如蔓草生。

今译：若在此世中，为恶欲所缠，如同须芒草，逢雨多滋蔓。

白译：Whomsoever, haunted by this fierce thirst, the world[1] overcomes, his sufferings increase like the abounding bīrana grass.

白译汉译：无论是谁，被强烈的爱欲所萦绕，必被世俗所征服，他的

---

① 白壁德译文有误，原文loke为处格，意为“在世间”。

痛苦就如同疯长的毗罗那草。

336. **Yo c' etaṁ sahate jammiṁ, taṇhaṁ loke duraccayaṁ,**

sokā tamhā papatanti, udabindū va pokkharā.

支谦本：人為恩愛惑，不能捨情欲，如是憂愛多，潺潺盈于池。

今译：若在此世中，克服难降欲，苦恶纷纷落，如水滴莲叶。

白译：But whoso overcomes this fierce thirst difficult to conquer in this world, sufferings fall from him like water-drops from a lotus leaf.

白译汉译：但是在这世上，无论是谁战胜了这难以克服的强烈的爱欲，痛苦都会离他远去，如同水滴从莲叶滑落。

337. **Taṁ vo vadāmi bhaddaṁ vo yāvant' ettha samāgatā,**

taṇhāya mūlaṁ khaṇatha, usīrattho va bīraṇaṁ;

mā vo naḷaṁ va soto va, Māro bhañji punappunaṁ.

支谦本：為道行者，不與欲會，先誅愛本，無所植根，勿如刈葦，令心復生。

今译：诸位且前来，为汝说善事，掘汝爱欲根，人寻毗罗那，掘除其草茎，天魔勿伤汝，如洪败水苇。

白译：Therefore this with your kind leave I say unto you, to all who are here assembled: Dig up the root of thirst, as he who wants the sweet-scented usīra root must dig up the bīrana grass, lest Māra crush you again and again, even as a stream crushes the reeds.

白译汉译：如是，我向在此聚集的你们众人说法：须掘出爱欲之根，如同谁要得到那芳香的乌施罗草根，就必须要挖出毗罗那草，不要让天魔一次又一次地挫败你，如同激流冲击芦苇。

338. **Yathāpi mūle anupaddave daḷhe, chinno pi rukkho punar eva rūhati,**
evam pi taṇhānusaye anūhate, nibbattati dukkham idaṁ punappunaṁ.

支谦本：如樹根深固，雖截猶復生，愛意不盡除，輒當還受苦。

今译：伐树不除根，随砍随又生，爱欲不根除，苦恶又再生。

白译：As a tree though it be cut down grows up again as long as its root is sound and firm, even thus if the proneness to thirst be not destroyed, this pain (of life) will return again and again.

白译汉译：如同树木虽被伐倒却能再长，只要它的根壮而坚实；只要对爱欲的追逐不被摧毁，（生命之）痛苦就会一次又一次地往复。

339. **Yassa chattiṁsati sotā, manāpasavanā bhusā,**
vāhā vahanti duddiṭṭhiṁ, saṅkappā rāganissitā.

支谦本：貪意為常流，習與憍慢并，思想猗婬欲，自覆無所見。

今译：三十六爱流，其势汹且涌，具彼邪见人，洪波覆灭之。

白译：The misguided man whose thirst, running towards pleasure, is exceeding strong in the thirty-six channels, the waves will sweep away — namely his desires that incline to lust.

白译汉译：迷途之人，其爱欲直趋享乐，猛烈地冲出三十六道，对于色欲的渴望如狂波席卷着他。

340. **Savanti sabbadhi sotā, latā ubbhijja tiṭṭhati,**

tañca disvā lataṁ jātaṁ, mūlaṁ paññāya chindatha.

支谦本：一切意流衍，愛結如葛藤，唯慧分別見，能斷意根原。

今译：洪波四散涌，蔓藤多滋生，汝若见藤蔓，以慧断其根。

白译：The currents run in all directions, the creeper (of passion) stands sprouting; if you see the creeper springing up, cut its root by means of wisdom.

白译汉译：水流到处流淌，（激情的）藤蔓滋长萌发；如果你看到藤蔓生长，就用你的智慧刈其根基。

341. **Saritāni sinehitāni ca, somanassāni bhavanti jantuno,**

te sātasitā sukhesino, te ve jātijarūpagā narā.

支谦本：夫從愛潤澤，思想為滋蔓，愛欲深無底，老死是用增。

今译：欲乐念与爱，世人多喜之，执着欢与乐，轮回生与灭。

白译：A creature's pleasures are extravagant and luxurious; sunk in lust and looking for happiness men undergo (again and again) birth and decay.

白译汉译：生灵之乐，放纵而奢侈，沉浸于色欲，追求于享乐，却（一次又一次）生在世上而又逐渐老朽。

342. **Tasiṇāya purakkhatā pajā, parisappanti saso va bandhito,**

saṁyojanasaṅgasattakā, dukkham upenti punappunaṁ cirāya.

《出曜经》：眾生愛纏裹，猶兔在於罝，為結使所纏，數數受苦惱。

今译：爱欲逐世人，四散多奔逃，有如惊惶兔，身在樊笼中，轮回千百道。

52 白译：Men driven on by thirst run about like a hunted hare; held in fetters and bonds they undergo pain for a long time again and again.

白译汉译：受爱欲驱使的人，如被猎的野兔，到处奔突；他们被囚禁在束缚和枷锁中，周而复始，长时间历尽苦痛。

343. **Tasiṇāya purakkhatā pajā, parisappanti saso va bandhito,**
tasmā tasiṇaṁ vinodaye, ākaṅkhanta virāgam attano.

《出曜经》：眾生為愛使，染著三有中，方便求解脫，須權乃得出。

今译：爱欲逐世人，四散多奔逃，有如惊惶兔，比丘除灭欲，清净了无染。

白译：Men driven on by thirst run about like a hunted hare; let therefore the mendicant who desires to be free from lust, banish thirst.

白译汉译：受爱欲驱使的人，如被猎的野兔，到处奔突；所以要让渴望解脱色欲的比丘，将爱欲驱逐。

344. **Yo nibbanatho vanādhimutto, vanamutto vanam eva dhāvati,**
taṁ puggalam etha passatha, mutto bandhanam eva dhāvati.

《出曜经》：非園脫於園，脫園復就園，當復觀此人，脫縛復就縛。

今译：舍欲复染欲，舍林复归林，噫吁观此人，无缚复有缚。

白译：He who, free from desire, gives himself up to desire again; who, having escaped from this jungle, runs back into it — come behold that man, though released he runs back into bondage.

白译汉译：脱离了渴望的人，放弃自我，又堕入渴望中，本来已经逃出丛林，又返奔进去。来看看这个人呀，虽然解脱，又重回枷锁。

345. **Na taṁ daḷhaṁ bandhanam āhu dhīrā, yad āyasaṁ dārujapabbajañca;**
sārattarattā maṇikuṇḍalesu, puttesu dāresu ca yā apekkhā.

支谦本：雖獄有鉤鍱，慧人不謂牢，愚見妻子息，染著愛甚牢。

今译：缚由铁绳造，智者不以固，系恋宝与珍，系恋子与妻，此乃真坚缚。

白译：Wise people do not call that a strong fetter which is made of iron or wood or hemp; far stronger is the passionate devotion to precious stones and rings, to sons and wives.

白译汉译：智者不会将由铁、木或麻所做的东西称为束缚；更强的束缚，是对宝石、饰器和妻儿的狂热追求。

346. **Etaṁ daḷhaṁ bandhanam āhu dhīrā, ohārinaṁ sithilaṁ duppamuñcaṁ;**
etam pi chetvāna paribbajanti, anapekkhino kāmasukhaṁ pahāya.

支谦本：慧說愛為獄，深固難得出，是故當斷棄，不視欲能安。

今译：一朝受缚系，堕落难解脱，此等系缚绳，智者以为固，断缚无所着，舍弃诸欲乐。

白译：That bond wise people call strong which drags down, and, though yielding, is hard to undo; having cut this (bond) people retire from the world with no backward glance, leaving behind the pleasures of sense.

白译汉译：智者所称之为束缚的东西，能诱人堕落，即使松弛，人也难以摆脱；斩断了束缚，人就从世俗超脱了，不再回头，将感官之乐抛在身后。

347. **Ye rāgarattānupatanti sotaṁ, sayaṁkataṁ makkaṭako va jālaṁ, etam pi chetvāna vajanti dhīrā, anapekkhino sabbadukkhaṁ pahāya.**

支谦本：以婬樂自裹，譬如蠶作繭，智者能斷棄，不眄除眾苦。

今译：耽溺随欲流，结网徒自缚，断缚无所着，贤者离诸苦。

白译：Those who are immersed in lust, run down the stream (of desires) as a spider runs down the web which he himself has spun; having cut this (bond), the steadfast retire from the world, with no backward glance, leaving all sorrow behind.

白译汉译：人沉浸在色欲中，沿着（爱欲的）河流奔跑，如同蜘蛛于自结之罗网上爬行；斩断了束缚，坚毅之人就从俗世超脱了，不再回头，将一切悲伤抛在身后。

348. **Muñca pure muñca pacchato, majjhe muñca bhavassa pāragū, sabbattha vimuttamānaso, na puna jātijaraṁ upehisi.**

《出曜经》：捨前捨後，捨間越有，一切盡捨，不受生老。

今译：过去现在与未来，舍弃之！渡达于彼岸，心若全解脱，不复生与灭。

白译：Give up what is before, give up what is behind, give up what is in the middle; cross to the Further Shore (of existence); if thy mind is altogether free, thou wilt not again enter into birth and decay.

白译汉译：放弃眼前，放弃身后，放弃当下，跨到(存在的)彼岸。如果你的心是解脱的，你就不会再一次降生于世而又逐渐老朽。

349. **Vitakkapamathitassa jantuno, tibbarāgassa subhānupassino,**
bhiyyo taṇhā pavaḍḍhati, esa kho daḷhaṁ karoti bandhanaṁ.

支谦本：心念放逸者，見婬以為淨，恩愛意盛增，從是造獄牢。

今译：纷乱心不定，中烧逐欲乐，渴爱倍增长，系缚难解脱。

白译：If a man is tossed about by doubts, swayed by strong passions and yearning only for what is delightful, his thirst will grow more and more and he will indeed make his fetters strong.

白译汉译：如果一个人被疑虑来回折磨，因为强烈的激情而摇摆，只追求让人欢喜的事物，那么他的爱欲会逐渐滋长，他的枷锁也会因此愈加坚牢。

350. **Vitakkūpasame ca yo rato, asubhaṁ bhāvayate sadā sato,**
esa kho vyantikāhiti, esa checchati Mārabandhanaṁ.

支谦本：覺意滅婬者，常念欲不淨，從是出邪獄，能斷老死患。

今译：喜乐定心神，常修炼不净，除尽诸爱欲，不为天魔缚。

白译：If a man delights in quieting doubts and, ever-mindful, meditates
on what is not pleasant, he certainly will remove, nay, he will cut 53
the fetter of Māra.

白译汉译：如果一个人能在止息疑虑中得到快乐，能一直专注，沉思于不欢乐的事物，他会摒除——应该说是斩断——天魔的束缚。

351. **Niṭṭhaṅgato asantāsī, vītataṇho anaṅgaṇo,**

acchindi bhavasallāni, antimo'yaṁ samussayo.

支谦本：無欲無有畏，恬惔無憂患，欲除使結解，是為長出淵。

今译：达成无畏怖，无欲亦无秽，拔出诸欲箭，此乃最后身。

白译：He that has reached perfection, he that does not tremble, he that is without thirst and without sin, has broken all the thorns of life: this will be his last body.

白译汉译：达到极致，无所惊惧，无欲无罪，人就已斩断人生之箭棘，此身躯便是最后的肉体。

352. **Vītataṇho anādāno, niruttipadakovido,**

akkharānaṁ sannipātaṁ, jaññā pubbāparāni ca,

sa ve "antimasārīro, mahāpañño mahāpuriso" ti vuccati.

支谦本：盡道除獄縛，一切此彼解，已得度邊行，是為大智士。

今译：无欲亦无着，熟稔辞与句，能辨次与第，是乃大智者，此为最后身。

白译：He who is without thirst and without attachment, who understands the words of the ancient dialect, who knows the order of letters — those which are before and which are after — is truly wise; he has received his last body.

白译汉译：人没有爱欲，没有牵连，能解古人言辞，能懂字词次序——

何者在前，何者在后，此人便是真的有智慧，此身乃最后的肉体。

353. **Sabbābhibhū sabbavidū'ham asmi, sabbesu dhammesu anūpalitto, sabbañjaho taṇhakkhaye vimutto, sayaṁ abhiññāya kam uddiseyyaṁ.**

支谦本：若覺一切法，能不着諸法，一切愛意解，是為通聖意。

今译：诸物降伏，诸物我知，一切无染，一切无欲，解脱自在，吾自通晓，谁为吾师？

白译：I have conquered all, I know all; in all conditions of life I am free from taint; I have left all, and through the destruction of thirst I am free; having by myself attained supernatural knowledge, to whom can I point as my teacher?

白译汉译：我克服一切，我知道一切；在人生的一切境遇中我解脱了污秽，从尽灭爱欲中我得到了解脱；从我自身得知了超脱自然的事物，谁还能当我的导师呢？

354. **Sabbadānaṁ dhammadānaṁ jināti, sabbarasaṁ dhammaraso jināti, sabbaratiṁ dhammarati jināti, taṇhakkhayo sabbadukkhaṁ jināti.**

支谦本：眾施經施勝，眾味道味勝，眾樂法樂勝，愛盡勝眾苦。

今译：法施胜诸施，法味胜诸味，法喜胜诸味，尽灭诸爱欲，胜于诸种苦。

白译：The gift of the Law exceeds all gifts; the sweetness of the Law exceeds all sweetness, the delight in the Law exceeds all delights;

the extinction of thirst overcomes all suffering.

白译汉译：法所赐予，超越一切馈赠；法的甜美，超过一切甜美；法的喜乐，超出一切喜乐；爱欲的消散，战胜一切苦难。

355. **Hananti bhogā dummedhaṁ, no ca pāragavesino,**
bhogataṇhāya dummedho, hanti aññe va attānaṁ.

支谦本：愚以貪自縛，不求度彼岸，貪為財愛故，害人亦自害。

今译：财富毁愚钝，不伤彼岸人，贪欲自毁之，如毁他人身。

白译：Riches destroy the foolish, if they look not for the other shore; by his thirst for riches the foolish man destroys himself as if he were his own enemy.

白译汉译：财富毁灭愚者，如果他们不求彼岸；因对财富的欲望，愚者毁灭了自身，如同与自己为敌。

356. **Tiṇadosāni khettāni, rāgadosā ayaṁ pajā,**
tasmā hi vītarāgesu, dinnaṁ hoti mahapphalaṁ.

支谦本：愛欲意為田，婬怨癡為種，故施度世者，得福無有量。

今译：莠草伤良田，贪欲毁世人，施予离贪者，必有大果报。

白译：The fields are damaged by weeds, mankind is damaged by lust: therefore a gift bestowed on those who are free from lust brings great reward.

白译汉译：田野被野草所毁，人被爱欲所摧；因而馈赠无欲者，能得大果报。

357. **Tiṇadosāni khettāni, dosadosā ayaṁ pajā,**

tasmā hi vītadosesu, dinnaṁ hoti mahapphalaṁ.

《出曜经》: 猶如穢惡田，瞋恚滋蔓生，是故當離恚，施報無有量。

今译：莠草伤良田，嗔恨毁世人，施予离恨者，必有大果报。

白译：The fields are damaged by weeds, mankind is damaged by hatred: therefore a gift bestowed on those who do not hate brings great reward.

白译汉译：田野被野草所毁，人被仇恨所摧；因而馈赠无恨者，能得大果报。

358. **Tiṇadosāni khettāni, mohadosā ayaṁ pajā,**

tasmā hi vītamohesu, dinnaṁ hoti mahapphalaṁ.

《出曜经》: 猶如穢惡田，愚癡穢惡生，是故當離愚，獲報無有量。

今译：莠草伤良田，愚痴毁世人，施予离痴者，必有大果报。

白译：The fields are damaged by weeds, mankind is damaged by delusion: therefore a gift bestowed on those who are free from delusion brings great reward.

白译汉译：田野被野草所毁，人被痴迷所摧；因而馈赠无痴者，能得大果报。

359. **Tiṇadosāni khettāni, taṇhādosā ayaṁ pajā,**

tasmā hi vītataṇhesu, dinnaṁ hoti mahapphalaṁ.

《出曜经》: 猶如穢惡田，貪欲為滋蔓，是故當離貪，獲報無有量。

今译：莠草伤良田，爱欲毁世人，施予离欲者，必有大果报。

白译：The fields are damaged by weeds, mankind is damaged by craving: therefore a gift bestowed on those who are free from craving, brings great reward.

白译汉译：田野被野草所毁，人被欲求所摧；因而馈赠无求者，能得大果报。

二十五　比丘品（Bhikkhuvaggo） 54

360. **Cakkhunā saṁvaro sādhu, sādhu sotena saṁvaro,**

ghānena saṁvaro sādhu, sādhu jivhāya saṁvaro.

支谦本：端目耳鼻口，身意常守正，比丘行如是，可以免众苦。

今译：制眼为善，制耳为善，制鼻为善，制舌为善。

白译：Restraint in the eye is good, good is restraint in the ear, in the nose restraint is good, good is restraint in the tongue.

白译汉译：眼目节制，便是好的；耳朵节制，便是好的；鼻闻节制，便是好的；口舌节制，便是好的。

361. **Kāyena saṁvaro sādhu, sādhu vācāya saṁvaro,**

manasā saṁvaro sādhu, sādhu sabbattha saṁvaro;

sabbattha saṁvuto bhikkhu, sabbadukkhā pamuccati.

支谦本：端目耳鼻口，身意常守正，比丘行如是，可以免众苦。

今译：制身为善，制语为善，制思为善，诸制为善。制一切比丘，脱离一切苦。

白译：In the body restraint is good, good is restraint in speech, in thought restraint is good, good is restraint in all things. A monk restrained in all things, is freed from all suffering.

白译汉译：肉身节制，便是好的；言辞节制，便是好的。比丘对一切都节制，也就脱开了一切苦难。

362. **Hatthasaṁyato pādasaṁyato, vācāsaṁyato saṁyatuttamo;**
ajjhattarato samāhito, eko santusito tam āhu bhikkhuṁ.

支谦本：手足莫妄犯，節言順所行，常內樂定意，守一行寂然。

今译：制手制足，制语制己，心喜禅定，独行知足，是为比丘。

白译：He who controls his hand, he who controls his feet, he who controls his speech, he who is well controlled, he who delights inwardly, who is collected, who is solitary and content, he is truly called a monk.

白译汉译：能节制手，能节制足，能节制言语，能很好地控制自己，能从内在得到愉悦，能有定力，能满足于孤独，这样的人就能称为比丘了。

363. **Yo mukhasaṁyato bhikkhu, mantabhāṇī anuddhato,**
atthaṁ dhammañca dīpeti, madhuraṁ tassa bhāsitaṁ.

支谦本：學當守口，寡言安徐，法義為定，言必柔軟。

今译：调制言与语，宁静且安详，明示法与义，言语甜如蜜。

白译：The monk who controls his tongue, who speaks wisely, who is not puffed up, who elucidates the letter and the spirit of the Law, his word is sweet.

白译汉译：比丘能控制口舌，能言智慧，而不浮夸，能阐释法的字与义，其言语必甘甜。

364. **Dhammārāmo dhammarato, dhammaṁ anuvicintayaṁ,**

dhammaṁ anussaraṁ bhikkhu, saddhammā na parihāyati.

支谦本：樂法欲法，思惟安法，比丘依法，正而不費。

今译：以法为喜，以法为乐，思念不离，真善不减。

白译：The monk who has made of the Law his garden of delight, pondering and recollecting it, will never fall away from the good Law.

白译汉译：比丘以法来构筑乐园，思考于法，回忆于法，必不会堕离善法。

365. **Salābhaṁ nātimaññeyya, nāññesaṁ pihayaṁ care;**

aññesaṁ pihayaṁ bhikkhu, samādhiṁ nādhigacchati.

支谦本：學無求利，無愛他行，比丘好他，不得定意。

今译：莫贱已所有，莫贵他人得，比丘多妒忌，不证三摩地。

白译：Let him not disdain what he has received, let him not envy others; a monk who envies others does not attain (the tranquillity of) meditation.

白译汉译：让他不要轻贱所得的，不要艳羡他人；比丘若是艳羡他人，就不会得到沉思（之静）。

366. **Appalābho pi ce bhikkhu, salābhaṁ nātimaññati,**

taṁ ve devā pasaṁsanti, suddhājīviṁ atanditaṁ.

支谦本：比丘少取，以得無積，天人所譽，生淨無穢。

今译：所得不甚多，亦不轻贱之，清净不倦怠，神仙亦赞羡。

白译: A monk who, though he has received little, does not disdain what he has received, even the gods will praise as of pure life and free from indolence.

白译汉译: 一个比丘，即使得到甚少，也不会轻视所得；即使是神，也会赞扬他生命纯粹而摆脱慵懒。

367. **Abbaso nāmarūpasmiṁ, yassa natthi mamāyitaṁ,**
asatā ca na socati, sa ve "bhikkhū" ti vuccati.

支谦本: 一切名色，非有莫惑，不近不憂，乃為比丘。

今译: 不为名色牵，不执着所有[1]，不哀无故事，是可名比丘。

白译: He who never identifies himself with name and form, and does not grieve over what is not, is indeed called a monk.

白译汉译: 人不把自己固定于名与形，不为不存在的东西哀伤，如此堪称比丘。

368. **Mettāvihārī yo bhikkhu, pasanno Buddhasāsane,**
adhigacche padaṁ santaṁ, saṅkhārūpasamaṁ sukhaṁ.

支谦本: 比丘為慈，愛敬佛教，深入止觀，滅行乃安。

今译: 心怀常慈悲，喜悦佛教法，能达成解脱，寂静且安乐。

55 白译: The monk who abides in loving-kindness, who is calm in the doctrine of Buddha, will reach the quiet place, emancipation from the transitory, and happiness.

① 此句白壁德漏译。

白译汉译：比丘活在慈悲中，在佛的教诲中宁静，必将到达静处，解脱将逝之物，并得到幸福。

369. **Siñca bhikkhu imaṁ nāvaṁ, sittā te lahum essati,**
chetvā rāgañca dosañca, tato nibbānam ehisi.

支谦本：比丘扈船，中虚則輕，除婬怒癡，是為泥洹。

今译：比丘！汲水此舟楫！水去舟则轻，离欲与嗔恨，汝证得涅槃。

白译：O monk, bale out this boat! If emptied it will go quickly; having cut off lust and hatred, thou wilt reach Nirvāna.

白译汉译：比丘啊，将水排出舟外！船空了，它才会行驶迅疾；斩断欲与恨，你才能实现涅槃。

370. **Pañca chinde pañca jahe, pañca c'uttari bhāvaye;**
pañcasaṅgātigo bhikkhu, "oghatiṇṇo" ti vuccati.

支谦本：捨五斷五，思惟五根，能分別五，乃渡河淵。

今译：五断与五弃，多修五种勤，绝离弃五着，得名渡洪人。

白译：Cut off five, renounce five, cultivate five more. A monk who has escaped from the five fetters is called 'One who has crossed the flood.'

白译汉译：要做到五断和五弃，还有五种修养。比丘能逃脱五种枷锁，才堪称"跨过激流者"。

371. **Jhāya bhikkhu mā pamādo, mā te kāmaguṇe, bhamassu cittaṁ,**
mā lohaguḷaṁ gilī pamatto, mā kandī "dukkham idan" ti ḍayhamāno.

支谦本：禪無放逸，莫為欲亂，不吞洋銅，自惱燋形。

今译：比丘！修定莫放逸，心莫着于欲，莫待吞火丸，嚎啕知苦辛。

白译：Meditate, O monk, and be not heedless! Set not thy heart on the pleasures of sense that thou mayest not for thy heedlessness have to swallow the iron ball (in hell), and that thou mayest not cry out in the midst of fire, 'This is pain.'

白译汉译：要沉思，比丘，不要放纵！不要把你的心放在感官之乐上，这样才不会因为放纵而吞下（地狱的）铁球，不会在火中哀嚎："此乃痛苦。"

372. **Natthi jhānaṁ apaññassa, paññā natthi ajhāyato,**
yamhi jhānañca paññā ca, sa ve nibbānasantike.

支谦本：無禪不智，無智不禪，道從禪智，得至泥洹。

今译：无慧不禅定，不定则无慧，兼有慧与定，得证达涅槃。

白译：Without knowledge there is no meditation, without meditation there is no knowledge: he who has both knowledge and meditation is near unto Nirvāna.

白译汉译：无知则没有沉思，无沉思就会无知：能兼有知识与沉思，就趋近了涅槃。

373. **Suññāgāraṁ paviṭṭhassa, santacittassa bhikkhuno,**
amānusī rati hoti, sammā dhammaṁ vipassato.

支谦本：當學入空，靜居止意，樂獨屏處，一心觀法。

今译：屋宅徒四壁，比丘步入之，得见于正法，心中大欢乐。

白译：A monk who with tranquil mind has entered his empty house feels a more than earthly delight when he gains a clear perception of the Law.

白译汉译：静心的比丘进入空静处，当其明晰觉法时，所觉之乐，超于尘世。

374. **Yato yato sammasati, khandhānaṁ udayabbayaṁ,**

labhatī pītipāmojjaṁ, amataṁ taṁ vijānataṁ.

支谦本：常制五陰，伏意如水，清淨和悅，為甘露味。

今译：蕴之生与灭，得证参悟之，收获喜与乐，了知不死者。

白译：As soon as he has grasped the origin and passing away of the elements of the body, he attains the happiness and joy which belong to those who know the immortal.

白译汉译：人只要抓住了各蕴的生灭，就能得到属于知晓不朽之人的喜与乐。

375. **Tatrāyam ādi bhavati, idha paññassa bhikkhuno,**

indriyagutti santuṭṭhi, pātimokkhe ca saṁvaro.

支谦本：不受所有，為慧比丘，攝根知足，戒律悉持，生當行淨，求善師友。

今译：智慧比丘，请自此始，摄根知足，结交君子，此等君子，清净精进；

白译：And this is the beginning here for a wise monk: watchfulness over the senses, contentedness, restraint under the precepts; let him keep noble friends whose lives are pure and who are not slothful;

白译汉译：此乃智慧的比丘修行之始：控摄感官，知道满足，遵守戒律，与生命纯粹而不懒惰的善友为伍；

376. **Mitte bhajassu kalyāṇe, suddhājīve atandite,**
paṭisanthāravutty assa, ācārakusalo siyā.
Tato pāmojjabahulo, dukkhass' antaṁ karissati.

支谦本：智者成人，度苦致喜。《出曜经》：念親同朋友，正命無雜糅，施知應所施，亦令威儀具，比丘備眾行，乃能盡苦際。

今译：此等君子，待人友善，品行端正，且喜且乐，诸苦灭尽。

白译：Let him live in charity, let him be perfect in his behaviour; then in fullness of delight he will make an end of suffering.

白译汉译：让他活得友爱，行为完善；满在喜悦中，他能终结痛苦。

377. **Vassikā viya pupphāni, maddavāni pamuñcati, evaṁ**
rāgañca dosañca, vippamuñcetha bhikkhavo.

支谦本：如衛師華，熟如自墮，釋婬怒癡，生死自解。

今译：譬如茉莉花，萎其凋零叶，比丘应如是，汝等弃欲嗔。

白译：As the jasmine sheds its withered flowers, even so, O monks, men should shed lust and hatred.

白译汉译：如同茉莉也会凋零花朵，比丘啊，人也应该弃绝爱欲和仇恨。

378. **Santakāyo santavāco,santavā susamāhito,**
vantalokāmiso bhikkhu, "upasanto" ti vuccati.

支谦本：止身止言，心守玄默，比丘棄世，是為受寂。

今译：身、语、心寂静，三昧弃俗乐，是为真寂静。

白译：The monk who is quiet in body, speech, and mind, who is 56
collected and has refused the baits of the world, is truly called tranquil.

白译汉译：比丘于身、言、心平静，能定住，能拒斥世俗诱惑，真可谓得到宁静。

379. **Attanā coday'attānaṁ, paṭimāse attam attanā,**
so attagutto satimā, sukhaṁ bhikkhu vihāhisi.

支谦本：當自勑身，內與心爭，護身念諦，比丘惟安。

今译：汝当自警策，汝当自省持，摄护与正念，比丘住安乐。

白译：Rouse thyself by thyself, examine thyself by thyself; thus self-guarded and mindful, wilt thou, O monk, live happily.

白译汉译：鞭策自身，省察自己；因此守卫自我而得正念，比丘啊，你将幸福地生活。

380. **Attā hi attano nātho, attā hi attano gati,**
tasmā saññāmay'attānaṁ, assaṁ bhadraṁ va vāṇijo.

支谦本：我自為我，計無有我，故當損我，調乃為賢。

今译：己为己护持，己为己依傍，汝当自调御，商人调御马。

白译：For self is the lord of self, self is the refuge of self, therefore curb thyself as the merchant curbs a good horse.

白译汉译：自己是自己的主宰，自身是自身的庇护，因而要调适自己，如同商人调教良马。

381. **Pāmojjabahulo bhikkhu, pasanno Buddhasāsane,**

adhigacche padaṁ santaṁ, saṅkhārūpasamaṁ sukhaṁ.

支谦本：喜在佛教，可以多喜，至到寂寞，行滅永安。

今译：欢喜比丘，诚心佛法，达成寂静，解脱安乐。

白译：The monk, full of delight, who is firm in the doctrine of Buddha will reach the quiet place, cessation of the mortal and transitory, and happiness.

白译汉译：比丘满心喜悦，坚定于佛陀教诲，必到达静处，止息世俗与短暂之事务，并得到安乐。

382. **Yo have daharo bhikkhu, yuñjati Buddhasāsane,**

so 'maṁ lokaṁ pabhāseti, abbhā mutto va candimā.

支谦本：儻有少行，應佛教戒，此照世間，如日無曀。

今译：年少比丘，精勤佛法，辉耀此世，如月出云。

白译：The young monk who applies himself to Buddha's teaching, lights up this world like the moon freed from clouds.

白译汉译：比丘年轻，而能修行佛陀教诲，必光照此世，如月拨蔽云。

二十六　婆罗门品（Brāhmaṇavaggo） 57

383. **Chinda sotaṁ parakkamma, kāme panuda brāhmaṇa,**

saṅkhārānaṁ khayaṁ ñatvā, akataññū si brāhmaṇa.

支谦本：截流而渡，無欲如梵，知行已盡，是謂梵志。

今译：婆罗门！精进断欲流，剪灭一切欲，知诸行有灭，汝成无造涅槃。

白译：Cut off the stream valiantly, drive away the desires, O Brahman! When you have understood the dissolution of all that is made you will understand that which is not made.

白译汉译：婆罗门呀，果断斩绝爱欲之流，放弃欲望！当你懂得有为的消逝，你也将会懂得无为的涅槃。

384. **Yadā dvayesu dhammesu, pāragū hoti brāhmaṇo,**

ath' assa sabbe saṁyogā, atthaṁ gacchanti jānato

支谦本：以無二法，清淨渡淵，諸欲結解，是謂梵志。

今译：二法证成，到达彼岸，此婆罗门，因智慧故，无诸系缚。

白译：When the Brahman has reached the other shore in two states (tranquillity and insight), he is freed from all bonds as a result of his knowledge.

白译汉译：当婆罗门在二法（止与观）中到达彼岸，他便解脱了所有束缚，这是他成为智者的果实。

385. **Yassa pāraṁ apāraṁ vā, pārāpāraṁ na vijjati,**

vītaddaraṁ visaṁyuttaṁ, tam ahaṁ brūmi brāhmaṇaṁ.

支谦本：適彼無彼，彼彼已空，捨離貪婬，是謂梵志。

今译：无此亦无彼，两岸皆不知，无怖亦无缚，是名婆罗门。

白译：The man for whom there is neither this nor that shore, nor both — him, the fearless and unshackled, I call indeed a Brahman.

白译汉译：人能无此岸，无彼岸，无惧，无束，我必称其为婆罗门。

386. **Jhāyiṁ virajam āsīnaṁ, katakiccaṁ anāsavaṁ,**

uttamatthamanuppattaṁ, tam ahaṁ brūmi brāhmaṇaṁ.

支谦本：思惟無垢，所行不漏，上求不起，是謂梵志。

今译：禅定无尘垢，应作俱已作，[①]无甚烦恼漏，证最高境界，是名婆罗门。

白译：Whoso is meditative, blameless, settled, dutiful, without passions, and who has attained the highest end, him I call indeed a Brahman.

白译汉译：人能沉思，无诽，安定，担责，而无激情，且达到最高境界，我称之为婆罗门。

387. **Divā tapati ādicco, rattiṁ ābhāti candimā,**

① 这里指了悟四谛产生的十六行。

sannaddho khattiyo tapati, jhāyī tapati brāhmaṇo,

atha sabbam ahorattiṁ, Buddho tapati tejasā.

支谦本：日照於晝，月照於夜，甲兵照軍，禪照道人，佛出天下，照一切冥。

今译：日照白昼，月映暗夜，勇士①铠甲耀，婆罗门禅定光明，佛陀光耀昼夜。

白译：The sun is bright by day, the moon shines by night, the Brahman is bright in his meditation; but Buddha, the Awakened, is bright with splendour day and night.

白译汉译：日耀于昼，月照于夜，婆罗门光照于沉思中。但是作为觉醒者的佛陀，辉耀日夜。

388. **Bāhitapāpo ti brāhmaṇo, samacariyā samaṇo ti vuccati.**

Pabbājayam attano malaṁ, tasmā "pabbajito" ti vuccati.

支谦本：出惡為梵志，入正為沙門，棄我衆穢行，是則為捨家。

今译：弃除恶业者，是为婆罗门，行事②清且净，是可名沙门，灭己垢秽者，可称出家人。

白译：Because a man has put away evil, therefore he is called a Brahman; because he walks quietly, therefore he is called a Samana (ascetic); because he has banished his own impurities, therefore he is called a Pabbajita (religious recluse).

白译汉译：人能摆脱罪恶，则可谓婆罗门；人能静走，则可谓沙门；

---

① 指刹帝利，白璧德漏译。

② 对应原文samacariyā，乃行事之"行"，非如白璧德所译行走之"行"。

人除尽污秽，则可谓出家人。

389. **Na brāhmaṇassa pahareyya, nāssa muñcetha brāhmaṇo,**
dhī brāhmaṇassa hantāraṁ, tato dhī yassa muñcati.

支谦本：不捶梵志，不放梵志，咄捶梵志，放者亦咄。

今译：已为婆罗门，不伤婆罗门，若为人所击，亦不怒向之，耻哉伤人者，动怒更堪羞。[1]

白译：No one should attack a Brahman, but no Brahman (if attacked) should let himself fly at his aggressor! Woe to him who strikes a Brahman, more woe to him who flies at his aggressor.

白译汉译：无人会攻击婆罗门，但是婆罗门（如果受击）也不会愤怒于攻击者！攻击婆罗门者是不幸的，愤怒于攻击者更是不幸的。

390. **Na brāhmaṇass' etad akiñci seyyo, yadā nisedho manaso piyehi;**
yato yato hiṁsamano nivattati, tato tato sammatimeva dukkhaṁ.

支谦本：若猗於愛，心無所著，已捨已正，是滅眾苦。

今译：制心于欲乐，此益绝非小，断除伤害心，苦痛即平息。

58 白译：It advantages a Brahman not a little if he holds his mind back from the allurements of life; in direct measure as the wish to injure declines, suffering is quieted.

---

① 约翰·卡特注释本认为此句的讨论中心在婆罗门，映照本章主旨。意为，身为婆罗门，诸漏灭尽，应无恨无怒。白璧德译文中以pahareyya为主语，译作no one，应为误解，主语应与第二句主语一致，为brāhmaṇo。此从前者。

白译汉译：对于婆罗门，禁住生命的引诱，益处不止一点；直截断绝侵害之意愿，痛苦可止息。

391. **Yassa kāyena vācāya, manasā natthi dukkaṭaṁ,**
saṁvutaṁ tīhi ṭhānehi, tam ahaṁ brūmi brāhmaṇaṁ.

支谦本：身口與意，淨無過失，能捨三行，是謂梵志。

今译：不以身、语、意，行作诸恶行，三者皆有制，可名婆罗门。

白译：Him I call indeed a Brahman who does not offend by body, word or thought, and is controlled in these three respects.

白译汉译：不以身、言、意犯恶业者，能于三者自制者，堪为婆罗门。

392. **Yamhā dhammaṁ vijāneyya sammāsambuddhadesitaṁ,**
sakkaccaṁ taṁ namasseyya, aggihuttaṁ va brāhmaṇo.

支谦本：若心曉了，佛所說法，觀心自歸，淨於為水。

今译：正觉者说法，人当敬畏之，譬如婆罗门，礼敬圣之火。

白译：The man from whom one has learned the Law as taught by the supremely enlightened Buddha, one should reverence profoundly, even as the Brahman worships the sacrificial fire.

白译汉译：于他人处受法如同被正觉之佛陀教导，无论从谁聆听，人都应礼敬之，甚如婆罗门礼敬祭火。

393. **Na jaṭāhi gottena, na jaccā hoti brāhmaṇo;**
yamhi saccañca dhammo ca, so suci so ca brāhmaṇo.

支谦本：非蔟結髮，名為梵志，誠行法行，清白則賢。

今译：不因髻发，不因种姓，称婆罗门，见真达摩，福乐[①]婆罗门。

白译：A man does not become a Brahman by his matted locks or his lineage or his birth; in whom there is truth and righteousness, he is blessed, he is a Brahman.

白译汉译：人不因髻发、血缘或出身而成为婆罗门；谁得真谛与正直，必得幸福，可成婆罗门。

394. **Kiṁ te jaṭāhi dummedha, kiṁ te ajinasāṭiyā,**

Abbhantaraṁ te gahanaṁ bāhiraṁ parimajjasi.

支谦本：飾髪無慧，草衣何施，內不離著，外捨何益。

今译：髻发有何益，另有羊皮衣，内包欲望心，外表美颜形，愚者应自省。

白译：What is the use of thy matted locks, O fool! Of what avail thy (raiment of) antelope skin? Within thee there is ravening, but the outside thou makest clean.

白译汉译：愚人啊，你梳起发髻何用，穿着羊皮（衣裳）何益？心中欲念丛生，外表徒有光鲜。

395. **Paṁsukūladharaṁ jantuṁ, kisaṁ dhamanisanthataṁ,**

ekaṁ vanasmiṁ jhāyantaṁ, tam ahaṁ brūmi brāhmaṇaṁ

支谦本：被服弊惡，躬承法行，閑居思惟，是謂梵志。

今译：着身尘土衣，枯槁露脉经，独卧修禅定，是为婆罗门。

---

① 约翰·卡特版释suci为“清净”义。

白译：The man who wears cast-off rags, who is emaciated and covered with veins, who meditates alone in the forest, him I call indeed a Brahman.

白译汉译：身着破落衣裳，消瘦嶙峋，血筋暴露，定思于林，堪谓婆罗门。

396. **Na c'āhaṁ brāhmaṇaṁ brūmi, yonijaṁ mattisambhavaṁ,**

bhovādi nāma so hoti, sace hoti sakiñcano.

Akiñcanaṁ anādānaṁ, tam ahaṁ brūmi brāhmaṇaṁ.

支谦本：佛不教彼，讚己自稱，如諦不妄，乃為梵志。

今译：称名婆罗门，非为母胎生，若有多资财，仅为称善者，不有且不着，是为婆罗门。[①]

白译：I do not call a man a Brahman because of his birth or of his mother. He is supercilious in his mode of address and he is wealthy: but the poor man who is free from attachments, him I call indeed a Brahman.

白译汉译：我不因出身或母胎而称一个人为婆罗门，他头衔高居，而有资财。贫穷而脱开挂念者，我必称其为婆罗门。

397. **Sabbasaṁyojanaṁ chetvā, yo ve na paritassati,**

saṅgātigaṁ visaṁyuttaṁ, tam ahaṁ brūmi brāhmaṇaṁ.

---

① 此句理解有出入。白壁德译文意为有资财则行事傲慢目中无人，约翰·卡特认为bhovādi意为口称bho的人，指有礼节之人（联系后一句，应指的是富而好礼之人），但不足够称之为婆罗门。从后者。

支谦本：絕諸可欲，不婬其志，委棄欲數，是謂梵志。

今译：断除一切结，无忧亦无怖，无着无系缚，是为婆罗门。

白译：Him I call indeed a Brahman who has cut all fetters, who never trembles, and is unshackled and emancipated.

白译汉译：我称之为婆罗门者，脱开桎梏，从不战栗，无拘无束，得到解脱。

398. **Chetvā nandhiṁ varattañca, sandānaṁ sahanukkamaṁ,**
ukkhittapalighaṁ buddhaṁ, tam ahaṁ brūmi brāhmaṇaṁ.

支谦本：斷生死河，能忍超度，自覺出塹，是謂梵志。

今译：除带亦除缰，以及诸种绳，舍弃诸碍觉，是为婆罗门。

白译：He that has cut the strap, the thong, the rope and all thereto pertaining, he that has raised the bar, he that is awakened, him I call indeed a Brahman.

白译汉译：我称之为婆罗门者，斩尽皮带、缰绳、绳索及其所类，拔除障碍，能够觉醒。

399. **Akkosaṁ vadhabandhañca, aduṭṭho yo titikkhati,**
khantībalaṁ balānīkaṁ, tam ahaṁ brūmi brāhmaṇaṁ.

支谦本：見罵見擊，默受不怒，有忍辱力，是謂梵志。

今译：忍辱打与骂，心中无嗔恨，具忍如锐军，是为婆罗门。

白译：Him I call indeed a Brahman who, though innocent of all offence,
59 endures reproach, stripes and bonds, who has patience for his
force and strength (of mind) for his army.

白译汉译：我称之为婆罗门者，虽然无罪于造恶，却能经受斥责、鞭笞与枷锁，能有耐力而（心）强如军兵。

400. **Akkodhanaṁ vatavantaṁ, sīlavantaṁ anussutaṁ,**

dantaṁ antimasārīraṁ, tam ahaṁ brūmi brāhmaṇaṁ.

支谦本：若見侵欺，但念守戒，端身自調，是謂梵志。

今译：无嗔修苦行[①]，有德离诸欲，调伏最后身，是为婆罗门。

白译：Him I call indeed a Brahman who is free from anger, dutiful, virtuous, without concupiscence, who is subdued, and has received his last body.

白译汉译：我称之为婆罗门者，无愠、有责、有德、无淫欲，调适得当而达到了最后的肉身。

401. **Vāri pokkharapatte va, āraggeriva sāsapo,**

yo na limpati kāmesu, tam ahaṁ brūmi brāhmaṇaṁ.

支谦本：心棄惡法，如蛇脫皮，不為欲污，是謂梵志。

今译：水滴莲叶，芥置针锋，不着爱欲，称婆罗门。

白译：Him I call indeed a Brahman who does not cling to the pleasures of sense any more than water to a lotus leaf, or than a mustard seed to the point of a needle.

白译汉译：我称之为婆罗门者，无挂念于感官之乐，如同水滴坠于莲叶，芥子停于针尖。

---

① 据约翰·卡特注释译出。

402. **Yo dukkhassa pajānāti, idh' eva khayam attano,**

pannabhāraṁ visaṁyuttaṁ, tam ahaṁ brūmi brāhmaṇaṁ.

支谦本：覺生為苦，從是滅意，能下重擔，是謂梵志。

今译：知苦如何灭，放下大重负，无系亦无缚，是为婆罗门。

白译：Him I call indeed a Brahman who even here knows the end of his suffering, has put down his burden and is unshackled.

白译汉译：我称之为婆罗门者，能在此世知觉苦难的终结，卸下重担，挣脱枷锁。

403. **Gambhīrapaññaṁ medhāviṁ, maggāmaggassa kovidaṁ,**

uttamatthamanuppattaṁ, tam ahaṁ brūmi brāhmaṇaṁ.

支谦本：解微妙慧，辯道不道，體行上義，是謂梵志。

今译：智慧甚深，明辨正邪，得证无上，名婆罗门。

白译：Him I call indeed a Brahman whose knowledge is deep, who possesses wisdom, who knows the right way and the wrong, and has attained the highest end.

白译汉译：我称之为婆罗门者，智慧深厚，能知对错，能达无上境界。

404. **Asaṁsaṭṭhaṁ gahaṭṭhehi, anāgārehi c'ūbhayaṁ,**

anokasāriṁ appicchaṁ tam ahaṁ brūmi brāhmaṇaṁ.

支谦本：棄捐家居，無家之畏，少求寡欲，是謂梵志。

今译：不群在家人，不党出家人，无家亦无欲，是为婆罗门。

白译：Him I call indeed a Brahman who keeps aloof from both

householders and the houseless, who wanders about without a home and has but few desires.

白译汉译：我称之为婆罗门者，不与有居者群聚，不与无居者为伍，到处行游，无家无欲。

405. **Nidhāya daṇḍaṁ bhūtesu, tasesu thāvaresu ca,**

yo na hanti na ghāteti, tam ahaṁ brūmi brāhmaṇaṁ.

支谦本：棄放活生，無賊害心，無所嬈惱，是謂梵志。

今译：不伤诸有情，无论强与弱，不杀亦不教，是为婆罗门。

白译：Him I call indeed a Brahman who withholds the rod of punishment from other creatures, whether feeble or strong, and does not kill nor cause slaughter.

白译汉译：我称之为婆罗门者，不对其他生灵动杀伐之器，无论强弱，既不杀害，更不叫他人行凶。

406. **Aviruddhaṁ viruddhesu, attadaṇḍesu nibbutaṁ,**

sādānesu anādānaṁ, tam ahaṁ brūmi brāhmaṇaṁ.

支谦本：避爭不爭，犯而不慍，惡來善待，是謂梵志。

今译：敌作友人亲，持杖亦性温，不着中无着，是为婆罗门。

白译：Him I call indeed a Brahman who is tolerant with the intolerant, mild among the violent, and free from greed among the greedy.

白译汉译：我称之为婆罗门者，对不宽大者宽大，在残忍者中温和，在有欲者中无欲。

407. **Yassa rāgo ca doso ca, māno makkho ca pātito,**

sāsaporiva āraggā, tam ahaṁ brūmi brāhmaṇaṁ.

支谦本：去婬怒癡，憍慢諸惡，如蛇脱皮，是謂梵志。

今译：譬如芥子置针锋，贪嗔慢伪皆落下，值此可称婆罗门。

白译：Him I call indeed a Brahman from whom lust and hatred, pride and envy, have dropt like a mustard seed from the point of a needle.

白译汉译：我称之为婆罗门者，贪、嗔、慢、痴皆脱解，如同芥子从针尖滑落。

408. **Akakkasaṁ viññāpaniṁ, giraṁ saccaṁ udīraye,**

yāya nābhisaje kañci, tam ahaṁ brūmi brāhmaṇaṁ.

支谦本：斷絕世事，口無麤言，八道審諦，是謂梵志。

今译：言真教益，无有粗语，无所迁怒，名婆罗门。

白译：Him I call indeed a Brahman who utters true speech, instructive and free from harshness, so that he offend no one.

白译汉译：我称之为婆罗门者，能说真言，有益而不粗，故而能免于冒犯。

409. **Yo'dha dīghaṁ va rassaṁ vā, aṇuṁ thūlaṁ subhāsubhaṁ**

loke adinnaṁ nādiyati, tam ahaṁ brūmi brāhmaṇaṁ.

支谦本：所世惡法，修短巨細，無取無捨，是謂梵志。

今译：与之不取，无论短长，无论大小，无论善恶，名婆罗门。

白译：Him I call indeed a Brahman who takes nothing in the world that is not given him, be it long or short, small or large, good or bad.

白译汉译：我称之为婆罗门者，不被给予，则不索要，不论长短、大小或好坏。

410. **Āsā yassa na vijjanti, asmiṁ loke paramhi ca,**
nirāsayaṁ visaṁyuttaṁ, tam ahaṁ brūmi brāhmaṇaṁ.

支谦本：今世行淨，後世無穢，無習無捨，是謂梵志。

今译：此世与他世，无欲且无求，解脱无附着，是为婆罗门。

白译：Him I call indeed a Brahman who fosters no desires for this world 60
or for the next, has no inclinations and is unshackled.

白译汉译：我称之为婆罗门者，在此世和后世，皆无贪欲，无依附，无拘束。

411. **Yass'ālayā na vijjanti, aññāya akathaṁkathī,**
amatogadhamanuppattaṁ, tam ahaṁ brūmi brāhmaṇaṁ.

支谦本：棄身無猗，不誦異行，行甘露滅，是謂梵志。

今译：了悟无疑惑，由此无贪欲，浸染不死身，是为婆罗门。

白译：Him I call indeed a Brahman who has no longings, who as the result of knowledge, is free from doubt and has immersed himself in the Immortal.

白译汉译：我称之为婆罗门者，无贪欲，因为智慧而无疑惑，沉浸于无死之境。

412. **Yo'dha puññañca pāpañca, ubho saṅgaṁ upaccagā,**
asokaṁ virajaṁ suddhaṁ, tam ahaṁ brūmi brāhmaṇaṁ.

支谦本：於罪與福，兩行永除，無憂無塵，是謂梵志。

今译：在此世界中，善恶均不着，无忧而清净，是为婆罗门。

白译：Him I call indeed a Brahman who is in this world above the bondage of both merit and demerit, who is free from grief, blameless and pure.

白译汉译：我称之为婆罗门者，在此世超越福祸的束缚，解脱悲恸，无诽而清静。

413. **Candaṁ va vimalaṁ suddhaṁ, vippasannam anāvilaṁ,**
nandībhavaparikkhīṇaṁ, tam ahaṁ brūmi brāhmaṇaṁ.

支谦本：心喜無垢，如月盛滿，謗毀已除，是謂梵志。

今译：如月皎无瑕，澄明且清净，灭除再生欲[1]，是为婆罗门。

白译：Him I call indeed a Brahman who is bright like the moon, limpid, serene, and clear, and in whom all giddiness is extinct.

白译汉译：我称之为婆罗门者，如月般明亮、澄澈、宁静和清晰，一切昏眩都已烟灭。

414. **Yo imaṁ palipathaṁ duggaṁ, saṁsāraṁ moham accagā,**
tiṇṇo pāragato jhāyī, anejo akathaṁkathī,
anupādāya nibbuto, tam ahaṁ brūmi brāhmaṇaṁ.

支谦本：見癡往來，墮塹受苦，欲單渡岸，不好他語，唯滅不起，是謂梵志。

---

① 约翰·卡特认为nandī-bhava-parikkhīṇaṁ指“对三界的欢喜欲望”，三界指有情众生存在的三个领域，即欲界、色界、无色界。

今译：跋涉诸恶路，越跨痴轮回，禅定达彼岸，无欲亦无惑，无着达涅槃，是为婆罗门。

白译：Him I call indeed a Brahman who has traversed this miry road, difficult to pass, this world of birth and rebirth and its vanity, who has gone through and reached the other shore, who is meditative, free from lust and doubt, free from attachment, and content.

白译汉译：我称之为婆罗门者，跨越难行的泥沼之路，超越重生的世界及其虚妄，越过一切到达彼岸，能沉思，解脱爱欲、疑虑与牵连，而心意已足。

415. **Yo'dha kāme pahatvāna, anāgāro paribbaje,**

Kāmabhavaparikkhīṇaṁ tam ahaṁ brūmi brāhmaṇaṁ.

支谦本：若能棄欲，去家捨愛，以斷欲漏，是謂梵志。

今译：遍除诸欲乐，云游无家人，是为婆罗门。

白译：Him I call indeed a Brahman who, having forsaken and utterly eradicated lusts, has gone forth into the houseless state.

白译汉译：我称之为婆罗门者，已彻底舍弃了爱欲，进入无家之境。

416. **Yo'dha taṇhaṁ pahatvāna, anāgāro paribbaje,**

taṇhābhavaparikkhīṇaṁ, tam ahaṁ brūmi brāhmaṇaṁ.

支谦本：已斷恩愛，離家無欲，愛有已盡，是謂梵志。

今译：遍除诸爱欲，云游无家人，是为婆罗门。

白译：Him I call indeed a Brahman, who, having forsaken and utterly eradicated craving, has gone forth into the houseless state.

白译汉译：我称之为婆罗门者，已彻底舍弃了欲望，进入无家之境。

417. **Hitvā mānusakaṁ yogaṁ, dibbaṁ yogaṁ upaccagā,**

sabbayogavisaṁyuttaṁ, tam ahaṁ brūmi brāhmaṇaṁ.

支谦本：離人聚處，不墮天聚，諸聚不歸，是謂梵志。

今译：剪灭人间缚，剪灭天上缚，剪灭一切缚，是为婆罗门。

白译：Him I call indeed a Brahman who, after casting off bondage to men, has risen above bondage to the gods, and is free from all and every bondage.

白译汉译：我称之为婆罗门者，挣脱与人的系缚，跨过同诸神的系缚，摆脱一切，解脱所有束缚。

418. **Hitvā ratiṇca aratiñca, sītibhūtaṁ nirūpadhiṁ,**

sabbalokābhibhuṁ vīraṁ, tam ahaṁ brūmi brāhmaṇaṁ.

支谦本：棄樂無樂，滅無熅燸，健違諸世，是謂梵志。

今译：抛舍喜与恶，清凉无尘垢，勇猛克五蕴[①]，是为婆罗门。

白译：Him I call indeed a Brahman who has left what gives pleasure and what gives pain, who is cold and free from all germs (of renewed life), the hero who has conquered all the worlds.

白译汉译：我称之为婆罗门者，离去了乐与痛的源头，平静而解脱了（再生之生的）一切蕴，是征服一切人世的英雄。

---

① 据约翰·卡特注释译出。

419. **Cutiṁ yo vedi sattānaṁ, upapattiñca sabbaso,**

asattaṁ sugataṁ buddhaṁ, tam ahaṁ brūmi brāhmaṇaṁ.

支谦本：所生已訖，死無所趣，覺安無依，是謂梵志。

今译：遍知生与死，一切诸有情，遍舍诸系缚，觉醒善终了，是为婆罗门。

白译：Him I call indeed a Brahman who knows the passing away and rebirth of beings everywhere, who is free from attachment, happy and awakened.

白译汉译：我称之为婆罗门者，知道众生的逝去与重生，解脱牵挂，幸福而觉醒。

420. **Yassa gatiṁ na jānanti, devā gandhabbamānusā,**

khīṇāsavaṁ arahantaṁ, tam ahaṁ brūmi brāhmaṇaṁ.

支谦本：已度五道，莫知所墮，習盡無餘，是謂梵志。

今译：诸天、乾达婆及人，不知终所趋，诸流皆灭尽，证成阿罗汉，是为婆罗门。

白译：Him I call indeed a Brahman, whose future estate the gods do not
know, nor spirits, nor men, whose evil proclivities are extinct 61
and who has become a saint (Arhat).

白译汉译：我称之为婆罗门者，其未来之境，诸神、诸灵与凡人都不知晓，恶性消散，成为圣人（阿罗汉）。

421. **Yassa pure ca pacchā ca, majjhe ca natthi kiñcanaṁ,**

akiñcanaṁ anādānaṁ, tam ahaṁ brūmi brāhmaṇaṁ.

今译：万物无所取，过去与未来，以及现当下，不着无一物，是为婆罗门。

白译：Him I call indeed a Brahman who calls nothing his own, whether it pertains to past, present, or future, who is poor and free from grasping.

白译汉译：我称之为婆罗门者，无有一切，虽穷困却无执，无论是过去、现在还是将来。

422. **Usabhaṁ pavaraṁ vīraṁ, mahesiṁ vijitāvinaṁ,**

anejaṁ nhātakaṁ buddhaṁ, tam ahaṁ brūmi brāhmaṇaṁ.

支谦本：于前于後，乃中無有，無操無捨，是謂梵志。

今译：力大勇猛，高贵无上，贤明已浴，战胜三魔，无垢觉者，是为婆罗门。

白译：Him I call indeed a Brahman, — the manly, the noble, the hero, the great seer, the conqueror, the impassible, the sinless, the awakened.

白译汉译：我称之为婆罗门者，壮硕、高洁、骁勇，是无上的找寻者与征服者，无有痛苦，无有罪过，业已觉醒。

423. **Pubbenivāsaṁ yo vedi, saggāpāyañca passati,**

atho jātikkhayaṁ patto, abhiññāvosito muni

sabbavositavosānaṁ, tam ahaṁ brūmi brāhmaṇaṁ.

支谦本：自知宿命，本所更來，得要生盡，叡通道玄，明如能默，是謂梵志。

今译：了知前生事，并见天与苦，灭尽不再生，牟尼无上智，圆满修大成，是为婆罗门。

白译：Him I call indeed a Brahman who knows his former abodes, who sees heaven and hell and has reached the end of births, a sage who has attained the fullness of knowledge, and all of whose perfections are perfect.

白译汉译：我称之为婆罗门者，知道前世所处，看到天界与地狱，不再重生轮回，成为全知的圣人，一切圆满都已完全。

论　　文

佛陀与西方 65

时下的显著危机似乎在于：精神上完全异质的民族或种族之间日益加剧的物质冲突。东西方对话的障碍主要在于某类西方人，他们总是自觉不自觉地认定东方一切都得向西方学习，且毫无资格与西方礼尚往来。持此态度的人分为三类：第一，人种优胜论，白人（尤其是金发碧眼的日耳曼民族）有一种近乎神秘的对自身优于棕色人种和黄色人种的信仰；第二，基于物质科学（physical science）的成就及由此推动的“发展”的优越感，而认定东方人物质贫乏是一种劣势；第三，宗教优越感，将非基督教信仰的亚洲人一股脑儿认定为“蛮族”，或者是只有在亚洲宗教信仰与基督教设定的模式相一致的情况下，勉强承认其价值。亚洲人已然做好准备迎接西方科学，但相较于第一次世界大战之前，他们已不屑于承认西方人自我认定的道德优胜感了。哪怕是在借鉴西学方面比其他东方国家走得更远的日本，也产生了一定的反感情绪。

的确，从总体上考察一番，我们会发现，亚洲人有自己的自负之
处，而远非中庸地评价自己。这种自负感不仅来自与西方的对比，而 66
且来自亚洲内部的较量。过去，许多印度教信徒（当然，现在很多人依然）认定真正的精神（true spirituality）只曾在印度这片神圣的土地上出现过，而（与）世界上其他土地完全无缘。再如，再没有一个国家如中

国那样——甚至是古希腊也没有——如此笃定地认为只有自己配享文明之名。唐代一名官员向皇帝进言抵制佛教，言辞如下：“佛本夷狄之人。”[1]中国古称“普天下”（All-Under-Heaven），则另一明证矣。

总体说来，亚洲文化种群千差万别，这不禁会让人好奇，任何东西比较的尝试会不会有攀附之嫌。最近在巴黎有一场关于此题的研讨会[2]，共有一百五十余位法国及各地作家、学者参加。据其中一位与会者、法兰西学院的西尔万·列维说，将“贝鲁特城的一位叙利亚人（a Syrian of Beyrut）、波斯的一位伊朗人、瓦拉纳西的一位婆罗门、德干山区的一个贱民、广东的一位商人、北京的一位高官、西藏的一位喇嘛、西伯利亚的一位亚库人（yacut）、日本的一位大名、苏门答腊的一个食人者等等”这些话题拉拽到一个论题下讨论，是无稽而可笑的。宽泛地讨论东方西方毫无意义。如果能恰当地限定自己的问题，或许讨论会别有一番重要的意义。虽然与会者都发表了看似多样实则单一的见
67 解，但会议中不乏吉光片羽。他们的欧洲与亚洲的对比感是基于另一种对比：欧洲与美国的对比。对于这点大家并无异意。美国所代表的是纯然实用而功利的人生观，是一种对力量、机械与物质生活的狂热崇拜。正是为了逃出这种无休止的美国主义（Americanism），欧洲才转而关注东方。会上说：“欧洲困于近些年来的灾难，准备谦卑地低下头颅。这也给东方思想进入西方做好了准备。一块大陆将成为西方精神的庇护所和堡垒：整个美国固执而自傲地关闭自己心灵的时候，欧

① 见韩愈《论佛骨表》。

② 《东方的召唤》（*Les Appels de l'Orient: Les Cahiers du Mois*），埃米尔·保罗兄弟（Emile-Paul, Frères）出版社，巴黎。——作者原注

洲却关注着来自东方的教导。”[①]或许我们可以这么总结以上这类话：在追求自然秩序的真理(truth of the natural order)中，欧洲逐渐忘却了谦卑——内在生命的真理(truth of inner life)。字面上说来，欧洲失却了方向，因为东方正是他们真理的原初之地。让我们回忆下阿诺德笔下东方、西方的初次相遇：首先，是欧洲对亚洲的觊觎，

> 东方在暴力之下俯首，
> 心中鄙视，但却充满耐性；
> 她忍耐铁蹄踏过，
> 再次回归思想。

最终，东方的劝告之音胜利，内在生命的真理以基督教的外衣进入欧洲，一个已然厌倦自己的物质主义的欧洲：

> 她听见了，凯旋的西方，
> 在剑与王冠中，
> 她感受到了掘人心肺的空虚， 68
> 她颤抖了，顺从了。

今天的东西方关系问题比希腊罗马时代复杂得多。今日之东方不仅仅指涉近东，更多地指向远东。再者，今日的远东、近东面对西方的帝国侵略时再也不似往日那般驯良了，“心中鄙视，但却充满耐性”。正好相反，一种民族主义式的独立正在东方的土地上萌生，而这种独立感似乎是独属于我们西方人的。尤其是日本，无暇再顾佛陀造像这

① 《东方的召唤》，第67页。——作者原注

类小玩意儿，转而营造炮船了。随着西方机械业和科技的发展，统治的欲望——这一人性的终极事实（ultimate fact），得到了极大武装，以至于东方似乎除却赶超或臣服别无他法。中国，作为远东的枢纽国家，正处在这种抉择中。在西方的促迫下，延续千年的民族气质精神摇摇欲坠，国家面临着一种持续加剧的精神迷惘。简而言之，东方失去了方向。这种方向感的本质或许在于以这样或那样的形式对内在生命真理的确立（affirmation）。不幸的是，相较于将其视作实证的（positive）和实验性的，这种确立对于西方人来说仅仅是教条或传统。正因如此，研究东方哲人，尤其是孔子和佛陀，或许会有所助益。孔子的人文主义与佛陀的宗教缺乏教理，但这并不意味着缺陷。相反，我们至少可
69 以了解一位年轻学者张先生（Mr. H. H. Chang）①的思想，他抱怨说，西方人将不必要的神学、形而上学杂碎糅进宗教里：他们过分沉醉于“光怪陆离的学说”和“愚蠢的好奇心”。他们以一种远东不熟悉的方式犯了偏狭、蒙昧主义和诡辩的错误。帕斯卡身为宗教思想家中出色的一位，他攻击了耶稣会的诡辩论，但同时又为张先生所说的“光怪陆离的学说”提供了例证。帕斯卡称，人在本质上是无法自我理解的，如果人不信仰婴儿未受洗则下地狱的话。

远东各学说中除却正宗的佛陀教诲，没有哪种学说更远离张先生历数的各种怪论了。时下的学术研究已然进展到一个程度，即我们不仅可以带着些许自信谈论佛的教诲，而且可以谈论他本人了。②甚至可以说，在那些遥不可及的过往学说和人物中，关于佛的事情算是最

---

① 应为张歆海（Hsin-Hai Chang）。张歆海，字叔明，原名为张鑫海，出生于中国上海，浙江海盐人。民国时期作家、文学家、外交官，美国哈佛大学英语文学博士，师从白壁德。

② 巴利文经典及其可靠性产生了众多繁杂的历史问题。——作者原注

为清楚明白的了。学者们普遍认同，巴利语经典的材料，即小乘佛教(流行于今天锡兰、缅甸等其他国家)的基础，总体上来说比有着丰富支流的大乘佛教(流行于中国、朝鲜、日本等国)的材料可信度更高。除却有力的心理证据，历史证据也颇能佐证，如阿育王石刻。我说的心理证据指的是类似无数《新约》篇什提供的证据，这些篇什能够给 70
人一种亲炙伟大宗教导师的即视感。任何一位读完登山宝训继而还要追问耶稣的“历史性”问题的人，都应该被视为无甚宗教思维。

在心理证据和历史证据的基础上，我们必须有如下结论：如果说远东相对远离诡辩、蒙昧主义和偏狭的话，那么佛陀的功劳不小。心中有坚定的信念同时却能宽容他人，此事之难，众以为难成，然佛陀及众弟子成之。阿育王的宽容之心就反映了创始人之精神(spirit of the Founder)，他不遗余力地使佛教成为一门世界宗教，功绩无有能逾越者。有个东西方皆熟悉的关于佛陀容忍之心的寓言：佛说，一时，贝拿勒斯有一王，终日闲闷，欲寻一乐事，乃群聚盲丐，以赏金诱之，命其描述大象之形态。首位恰触象之腿部，乃报曰象若树桩。又有触象尾者，乃报象若长绳。又有触象耳者，乃报象若棕榈树叶。兹不赘举。群盲争论不休，终武力相向。王大悦。借此，佛曰，凡俗教师执真理一端，终日喋喋不休，唯成佛之人乃能把握整全(the whole)。在精神事务方面，我们充其量也就是些生活在自我黑暗世界里的盲丐，嘴仗不停，但这种想法对于狭隘狂热的争端无所助益。人们不禁要说，圆融通透 71
(rounded vision)如此难以达成，甚至与人性相悖。根据印度人的算法，一劫一轮回，充其量能有五人成佛，成佛之难，也就不足为奇了。

我刚才引述的寓言表明佛陀比大多数宗教导师都更有幽默感。在这方面，巴利语经典(尤其是本生故事)与基督教《圣经》有着天壤之别。佛陀的另一个人文主义的而非宗教性的特点是雅致(urbanity)。佛陀所倡导的中道学说甚至在宗教生活中也并非与佛教中无决疑论和蒙昧主义因素无关。须知,在某种情况下,决疑论是合法的,而且还是必不可少的。总体性的原则须得配合千变万化的实际生活情况作出调整。从这个意义上来说,巴利经典的第一部分律藏(*Vinaya*)——记载了佛陀制定的僧众(*Sangha*)戒律的细节——其中就含有决疑论的成分。危险之处在于,哪怕极小的外在规训也会过度蚕食个人的道德自律。佛陀,如我们所要更明白地看到的那样,极为强调这种自律。决疑论的另一个危险在于,它不仅用外在权威代替个人良知(individual conscience),而且会为帕斯卡在《致外省人信札》(*Provincial Letters*)中批判的那种松懈(relaxation)作遮掩。佛陀会使自己的僧众避免这种松懈,却不走向禁欲主义和肉体折磨的反向极端。这在本质上就是他的中道学说。

72 过度拒斥感官的蒙昧主义,在西方,通常会跟抵制理智的蒙昧主义联系在一起。佛陀对后一种蒙昧主义的抵制比反对禁欲主义更为重要。头脑与心灵的冲突,以在上(what is above)或在下(what is below)的名义拒绝理智的倾向,在西方思想史上(从早期基督徒到柏格森)产生过重大影响。但这种倾向对于佛教正宗来说是陌生的。佛陀的终极启示是与精准追溯因果并跳出因果链条联系在一起的。他的明辨性情体现在他小心翼翼地使用大而化之的语汇上,这对任何学说来说都是个关键点。佛陀给人的印象是,这是一个极度追求论说清晰度的人,这种清晰不仅仅体现于分散的论述中,更体现于这些论述被有条理地组织成一个有机整体。据载,佛陀青年时期曾度过一段摸索彷徨的岁月,但一旦成佛,他再未有过迟疑不决。毫无疑问,坚若磐石的思力（intellectual grasp）、稳如泰山的决心成就了他给当时乃至当今人们留下的权威感。翻开历史记载，他给读者的印象是魁梧的，有人甚至说这人有些呆板，同时又极为独断，极为勇猛，极为阳刚。《经集》（*Sutta-Nipāta*）算是最接近佛陀的真实写照的经文，有几句我照字面译出如下：

智者独来独往，勤勉精进，
毁誉皆不为所动，
如雄狮临大声而不惧， 73
如阵风不为网所拘，
如莲出淤泥而不染，
导引他人而不为人所牵，
此乃真智者也。

人性中，每一种美德都有一种自带的缺陷，事实也如此。早期佛教徒毫无畏惧的分析论调极容易沦为一种学者式的枯燥，尤其是在脱离了直觉（intuition）之后（虽然“直觉”这个词已被滥用，但这个词的任何一个层面的意思在这里都恰当）。有一部分佛教典籍总让我们想起西方亚里士多德传统中不大诱人的一端。如亚里士多德式的哲学一样，佛教哲学有时候也倾向于过分绝对化，以致最后得出一种错误的终极目的（finality）。例如，佛经注释者甚至对普通乡镇的噪音也要作出归类与定义。再者，大部分佛教典籍的啰嗦重复让西方读者极为不悦，它似乎是要极力使人确信一条铁的定理：重复是记忆之母。但须得注意的是，这些重复大部分只是一种助益记忆的手段。如果佛经自始就是以书写的形式出现的话，这问题也就绝不会存在了。在枯燥的重复与乏味的分类的篇什中，读者大有机会读到些生动而形象的隐喻性的篇章，它们足以让人推断出佛陀身上有种口吐警句的罕有天赋；虽说这些篇章单就警人神魄的效果来说，完全不足以与耶稣的话语媲美（如果我们可以斗胆从世俗的文学角度来讨论这些问题的话）。

既然佛陀的学说和性格从古代的记载上来看如此鲜明，我们不禁
74 要问，为什么还有那么多对于这两者的误解？其中一些原因很直观，在我们探讨其他深层次原因之前，让我们先厘清这些原因。首先，西方未区别大乘和小乘，这造成了不少混乱。许多19世纪的杰出思想家和作家对于佛教的第一印象都来自欧仁·比尔努夫[①]翻译的《妙法莲华经》中不切实际的通神论（extravagant theosophy）。甚至那些求教于更为可靠文本的人也因为不通巴利文而常常被翻译误导。翻译的一大问题在于普通术语。如我之前所说，佛陀在使用这些术语时极为精准，但问题在于，这些术语在西方语言中并没有完美的对应。翻译者搜肠刮肚，竭尽所能想把这些术语的微妙及陌生之处翻译出来，但努力常常都以放弃告终。又如，在福斯波尔[②]（西方世界首位翻译《法句经》的学者）所翻译的《经集》中，有十五个不同的巴利文词汇都被翻译成了一个英文词desire（“欲望”）。

其次——现在来探讨一下更深层次的原因——对于远东的严肃研究，正好处于要么由浪漫主义要么由科学理性主导西方的时期。浪漫主义者和理性主义者都不具备理解东方特质的条件。浪漫主义者在东方所要寻找的，跟他们在其他地方寻找的并无二致：新奇的东西、令人

---

① 欧仁·比尔努夫（Eugène Burnouf，1801—1852），法国语言学家、印度学家，法国亚洲协会（Société Asiatique）创始人。

② 福斯波尔（Michael Viggo Fausböll，1821—1908），丹麦巴利语学者。

惊异的东西。他们的兴趣与其说在于认同，不如说在于差异；结果，这种形式的东方主义在实践中发展成了对于多姿多彩、对于地方特色的追逐。紧随而来的是寻找一个逃离乏味的此时此地 (here and now) 的 75
目的地的诉求。有一个众所周知的例子——《通向曼德勒之路》[1]。这首歌讲述了一个英国士兵在缅甸的幸福感："更干净更油绿的国度，更灵巧更甜美的女子。"有人可能会指责我小题大做，对吉卜林的这点小把戏不必较真，但这位浪漫的帝国主义者，不仅作为安格鲁-印度这个东方的阐释者，而且作为真正东方的阐释者，毕竟享有一定的声望。《通向曼德勒之路》的中心段落大概可以作为由浪漫主义运动而生的逃离文学 (literature of escape) 如何展现东方的一个例证。

> 将我送到亚洲，那里最好最坏一个样儿，
> 那儿没有十诫，人也可以正大光明地饥渴；
> 寺庙铃声响起，那将是我在的地方，
> 在毛淡棉的古老佛塔边，懒懒地看着海。

如果说，寺庙铃声让这位英国士兵想起的是"腹内饥饿"的话，那么，我们不禁要问，铃声对于缅甸当地人又意味着什么呢？答案是不得"慵懒"，或是不得无责任心。毫无疑问，吉卜林自己会奉劝我们不要追逐这种无益的事，理由是"东方是东方，西方是西方，两者绝不会相遇"。而事实则是，两方接触愈来愈频繁，且其中的潜在危险是，两者的接触仅限于物质层次。你是你，我是我，你我不可通融，或者说，两种表述间若有什么区别的话，那么这种区别是度的区别而不是种的

① 奥雷·斯庇克斯(Oley Speaks，1874—1948)的一首歌曲，作词者为吉卜林(Rudyard Kipling，1865—1936)。

区别，从这个角度上来看，东方人憎恨吉卜林的词句是正当的。

如果我们拒绝承认缅甸为佛教国家，那么他们的文化对我们来说必定是难以理解的；转而求教于如《法句经》这样的可靠经典文本，我
76 们会发现，佛陀的一句核心劝诫，归纳起来就是——不要有渴念。缅甸今天所施行的教育比佛教教团对儿童的那种教育更能启人心智。这种教育方式要求儿童大量背诵某些宗教文本。其中经常被采用的是一些佛陀讨论什么是真正的幸福的篇章（最近的一本写缅甸的书中如是说），其中一部分如下：

侍奉双亲，珍视妻儿，静待召唤，是为幸福；
施舍救济，恭肃虔诚，羽护亲眷，多行善事，是为幸福；
远离罪孽，勿近酒水，端行恒志，是为幸福；
敬畏谦恭，感恩知足，聆听正道，是为幸福；
耐性善语，友圣洁之士，辩谈以时，是为幸福；
悔过纯洁，识辨真知，宁静祥和，是为幸福。

书的作者宣称，通过记诵，儿童获得“极大的慈善心及严格的自律”——这是一个让人产生些许怀疑的论断。跟吉卜林相似——虽然说是以两种完全不同的方式——他以一种田园牧歌般的想象代替了真实的缅甸；但他所说的哪怕只有一部分可靠，我们也应该把孩子们从收音机和电影前支走，让他们背诵佛教经典。

77 虽说佛陀的某些特定话语，如上引之篇什，理解起来无甚困难，但须得承认，西方人要掌握其训导学说的总体精神还是没那么简单。即便是一个认可人性具有潜在统一性（unity），且对这种统一性的兴趣超过对人性的时空变体的兴趣的人，他也应该能够看透某些学者研究佛

教的初衷——以一睹思想领域的奇观为快。之所以称之为奇观，是因为佛教切断了自希腊哲学始西方思想就建立起来的某些对立，且这些对立已然几乎不可避免。例如，从赫拉克利特和巴门尼德时代就产生的一与多的对立，坚持生命的变动性、相对性的人与坚持生命持久不变之统一性的人之间的对立。尤其是柏拉图确认了超越流变（flux）的理念世界的存在，当这种想法与基督教合流之后，理念世界这一思想就几乎无法从我们的宗教观念中剥离出去了。我们所理解的宗教似乎旨在信仰一种精神本质（spiritual essence）或灵魂（这些与转瞬即逝的东西格格不入），或者是信仰一个作为终极“理念”或实体的上帝。佛陀反对柏拉图意义上的灵魂，也并不在他的学说里为“上帝”存留一席之地。表面上看来，他似乎站在自赫拉克利特至柏格森一脉的“流变”的哲学家一边。中世纪的经院学者则大概会将之归入毫不妥协的唯名论者之列。佛经告诉我们，听闻佛陀开坛讲授天地间的变易法则，
自视不朽的众菩萨顿时开悟，如万兽闻狮吼。佛陀对我们来说如此前 78
后不一。在学说上他呼应了西方最极端的“流变”哲人，但同时，他倡导并努力达成的那种生活又让我们想起柏拉图主义者和基督徒。

佛陀与其他的宗教领袖的另一个区别就是我们所熟知的他的实证精神。实验的精神和超自然的精神在我们看来是彼此排斥的。即便如此，对佛陀的最佳定义或许仍是：这是一个批判的实验的超自然主义者。他配得上这个定义，不是因为所谓的“神通”（*iddhi*）——一种超乎常人的记忆力、悬浮或是类似的东西。如果我们接受古代文献中极少的关于佛陀及其部分弟子的奇术的记载的话，我们就不得不得出结论：人都有一种超自然的能力，但这种能力因为搁置不用而萎缩。但是总体来说，古代佛家对于神通都持一种强硬的保留态度，最多在宗

教中让其担任一个次要的角色。在这个意义上，他与帕斯卡就绝为不同。帕斯卡像奥古斯丁一样宣称，如果没有神迹，他将不会接受基督教。

奇术不能定义佛陀。但如果我们抛弃这个视角，我们可以说，真正的佛陀的教诲中充满了超自然的成分。根据记载，佛陀沿街乞讨之时，他的父亲净饭王坚决反对。佛陀争辩道，他只是遵循族中惯例而已。净饭王反对说，族中从未有过行乞之人。佛陀对曰，他所遵循的，
79 非人间世系，而是佛之族传。对于佛家或其他宗教导师如圣弗朗西斯来说，表面上看起来超自然的东西事实上是关乎某些德性的。在这些德性中，能立刻标示出精神对于超越自然的东西的敬意，且一贯被信仰这些德性的人认为统摄其他德性的，便非谦卑莫属了。在现下这个自然主义的时代，这个词早已被弃如敝屣。就算是偶尔被光顾，其用法也多半是错误的。须得注意，谦卑（humility）与谦虚（modesty）根本是两码事。马修·阿诺德说爱默生乃最为谦虚的人，布朗乃尔[①]先生则说爱默生乃最不谦恭之人。两说皆可信，皆正确。对于佛陀来说，人们可能会说他谦卑而不谦虚。我们很难将谦虚这个词用在一个比基督教创始人更自信的人身上。我们可以从佛教经典记载的一段轶事中看出关于这点的一脉幽默。佛经记载，一比丘为一疑难教义所惑，此惑并无凡人可解，打坐冥想深入诸层天均无所获，无人可答，终求解于大梵天。梵天曰“我是大梵天王，为至高无上者，无能胜者，无所不知者”云云。隐士回曰：“此非我所问，我问你能否回答我的问题。”[②]大梵天乃引至他处，曰：“诸梵天以我为智慧第一，但事实上除却佛陀无人能开示智慧。”

80 佛陀将自己置于其他一切生灵之上，无论是人类还是神，但同时

---

① 布朗乃尔（William Crary Brownell，1851—1928），美国文学评论家。

② 见《长尼柯耶》中的《坚固经》。——作者原注

他还保持谦卑，这在基督教看来是极为自我矛盾的。基督教式的谦卑在本质上不仅是个人意志的臣服，同时也是基督自身意志对于一个神性人格意志的臣服。如果要理解佛陀如何在规避神性人格的同时又保持谦卑，人们就须得思考“批判而实验的自然主义者”意味着什么。这首先意味着拒绝一种安逸（luxury），一种确证最高实体（ultimate things）的安逸，然后从意识的直接给予物（immediate data）开始。从严格的实验角度来说，我们很难证实人格神或者人格化不朽物（personal immortality）的存在。如果一个人觉得这些豪气的证实对于自我的精神安宁是必需的话，他就应该转而求助于教条或启示宗教，只有这些才能给予人格神或人格化不朽物的确言。正如约翰逊博士所说，永恒之善与永恒之恶对于人智过于沉重。有着真切的批判精神的人最后也不得不接受以下定理的各种形态，即人是万物的尺度。如果有人以柏拉图的口吻告诉我们，神，而非人，是万物的尺度，我们显然会回答，在理解神的问题（比其他一切问题更甚）上，人类给出的尺度最为清晰。这也是歌德为何说，神总是被当成一个笑谈。不超越直接经验而又不滑入教条，人类力所能确证的，用阿诺德的话说就是：利于善的是伟大的力量（a great power）而非我们自身。这话又让我们想起佛陀关于善法（*dhamma*）的概念，也能使我们联想到那个与自然法则相对的人的法则（human law）。因无法确定任何高于他自己的人性人格或神性人格，佛陀如他自己告诉我们的，他因善法而谦卑。

佛陀试图将善法从教条和形而上假设中分离出来，并将其视为意 81
识的直接给予物之一，让我们更仔细地考虑这种对于善法的谦卑意味着什么。从笛卡尔以降的无数哲学家都声称他们是从给予物出发的。若将这些人所得到的结果与佛陀所得到的结果作个比较，我们会发现一些核心的冲突。人们或许会说，西方哲学出现一种趋势，即将思想（*cogito ergo sum*［我思故我在］）或感觉（*sentio ergo sum*［我感觉故我在］）作为意识的首要因素，虽然这样说会有过于简化的风险。佛陀既不是一个理性主义者，也不是一个情感主义者。试图将他归入一个异质文化的范畴已经造成了不小的混乱。在佛陀看来，意识的首要因素是意志（will），但不是那种西方式的、与神恩学说纠缠不清并随着这种学说衰落而更加模糊不明的意志。在这个意义上，意志的优先权问题以及与之相绑定的谦卑问题（无论是与知性还是与情感相比较）是同一个问题（如我在他处表明的那样），这个问题关涉佛陀与这位或那位西方哲学家之间的对立，以及亚洲生命观与现实流行于欧洲的生命观之间的对立。对知性（intellect）或心灵（mind）的首要性的确认（从这些词自阿纳克萨戈拉以来的意义上来说）与谦卑是不相容的。回溯探寻基督教唯意志论与人之自然自我——包含知性——对上帝意志的臣
82 服与复兴的理性主义之间的斗争，将是一件极为有趣的事。而在回溯的过程中，我们就能意识到我所提到的西方精神生活中的问题；理性（reason）不断意图越过自己应在的位置，由其导致的反动激起了诸多形式的蒙昧主义。

宣扬理性至上的学说中（相应的结果是以傲慢取代谦卑），斯多亚主义最有代表性，理由如下：首先，许多重要的现代哲学家，如笛卡尔、斯宾诺莎、康德，他们的生活与行为都与斯多亚主义相合；其次，佛教徒与斯多亚主义者之间有着误导性的比较。佛教徒极力宣传的严格的自我控制及自恃精神让人想起斯多亚主义。然而，佛教徒所依据的却不是斯多亚主义者所说的与宇宙秩序相合的那种“理性”，而是超越宇宙秩序的意志。对这种意志的依赖，与基督教对神性意志的臣服形成

一种相似的精神对应，而其换言之就是：谦卑。斯多亚主义者是一元论者；佛教徒与基督教徒相似，他们都是不可妥协的二元论者。佛教徒拒绝斯多亚意义上的“接受这个宇宙”，以至于警觉的西方人禁不住想问，是否还有物存在。

一元论者和二元论者的分歧最终会在恶这个问题上汇集。斯多亚主义者是理论上的乐观主义者；佛陀，虽然完全没有理论框架，在恶的事实上却相当坚持。他说，“我所教的不过是如何脱离苦”。佛陀对苦的强调，可能对于某些人来说，与我所赋予他的特点“雅致”不相容；因为再没有任何东西比专注于一个单一的想法更与雅致对立 83
了。他真正的注意力在于整全，这种整全我们难以理会把握，因为广度（breadth）的获得对于我们来说是一种扩张，甚至是一种百科全书式的堆砌；然而事实上，佛陀力图达成的整全（wholeness），正如这个词的词源揭示的那样，是与神圣相关的，是意志集中（concentration of the will）的结果。要定义这种佛陀欲让我们倾尽心力而达成的意志品质（quality），我们需要深入理解他的教义，正如他自己所做的那样。

现代人，按德国人的措词，通常是一个“说是的人”，一个“变动的人”（becomer），并以此为荣。然而佛陀可能是所有“说不的人”的首领；更明确一点说，他对那些关涉流变的东西说不，甚至到了将最高的善定义为“逃离流变”（escape from flux）的程度。“任何不恒常的东西都不值得获得赞许”，他说。由于他拒斥短暂的事物而追求恒久，正如我适才评价的那样，他既不是形而上学式的，也不是神学式的，而是心理学式的人物。我们只需要一瞥他的四圣谛，便可知晓他的理论在本质上是一种欲望的心理学。四圣谛本身需要依照三个（据说只有成佛之人才能明述的）“特征”来理解：（1）所有有限的事物都不能恒久；

从这个意义上来说，(2) 它们缺乏“灵魂”或他们的“非实在性”(unreality)；因此 (3) 它们终究是不完满的。当一个人领悟到无恒久这个事实及其涵义的时候，这个人就会用以一种企求“无可比拟的脱离烦恼的涅槃”的高贵欲望代替那种会带来烦恼的低贱欲望。

84 需要注意到，佛陀对“灵魂”的态度，与印度的吠陀学者及具有可比性的西方柏拉图学说的哲学之间，都有着根本的区别。他对那些断言灵魂或其他相似实体的人的厌恶不是形而上学式的而是实践式的：那些人误以为自己已经超越了流变(然而他们并没有)，从而被催眠到了一种虚假无忧的境界。佛陀绝不能被认为是任何西方意义上的理念主义者。基于我刚才所指出的那个基本矛盾，他不是柏拉图意义上的理念主义者，虽然他的教义与柏拉图的教诲之间有着诸多重要的联系。从该词的其他两义来看，他也不能被看成是这两种意义上的理念主义者：他不期冀以感觉(feeling)统一人生，如卢梭和感伤主义者认为的那样；他也不期冀以黑格尔的方式用知性(intellect)统一人生。佛陀所企望达成的那种统一是通过对意志的某种品质的操练(exercise)得到的。这种操练对外向的欲望说不，同时观照以一种更恒久的东西取代欲望中不那么恒久的东西，最终达成完全脱离流变。他对这种意志的品质的主张是极为明确的，且是经验主义的。

我已经试图阐明，佛陀不仅仅是一个宗教人物，而且还是一个思想者，他的思想如此锐利，以至于让我们不禁要拿他与西方思想大家们作一番对比。我们能想到的第一个人物就是康德，这个对西方哲学产生了极大影响的思想家。任何一个浏览过康德三大《批判》的人都会被一个语词吸引——先天(*a priori*)。这个词接连不断在三大《批判》
85 中出现，也是整体理解康德思想的关键。对于康德来说，如果一个人想要将经验的诸多元素整合统一起来(休谟的经验主义方法将这些元素拆解成一个互相之间毫无关联的印象的流变体),那么诉诸先验论(*apriorism*)是必要的。假设佛陀与休谟共一室而晤,佛陀不会以先验主义的立场而会以经验主义的立场与休谟争辩。佛陀会断言,人类专有的意志的品质不是一种理论,而是一种事实,是诸多意识的直接给予物之一。我们大概可以将佛陀定义为一个宗教经验主义者,与自然主义经验主义者如休谟之流相对。通过研究佛陀如何处理那些对于康德来说每个哲学家都要面对的问题——我们能知道什么,我应该做什么,我可以希望什么——我们就能很好地展示、明确地并批判地断言一种宗教意志意味着什么。

由于西方哲学的知性论气质,西方哲学总是展现出一种对于第一个问题的偏好,也就是所谓的知识的问题。现代西方哲学向知识论探寻的转移从笛卡尔时代就被划定了。自洛克的时代起,人们会将这种哲学定义为知识论的长久堕落。附带被讨论的种种问题——实体的问题、先天理念的问题、因果的问题、时空的问题、问题内部,以及问题与问题之间的关系——都最终汇集为一个问题:表象(appearance)与实体(reality)的关系。如果这些无尽的争论是为了更全面地回答康德的第二个问题"我应做些什么",这种争辩将是有意义的。然而基督教超自然主义者不会同意以上的假设。基督教超自然主义者会承认,笛卡尔设立的虚假二元论已经被扫灭,但他也会再补充说,真正的二元论——神的意志与人的意志之间的对立——也相应地被扫灭了。佛教徒则设立了一种相似的对立,即高上意志与卑下意志的对立。这种对 86
立不是基于教条主义的,而是基于心理学的。自圣奥古斯丁到威廉·詹姆斯这类寻求以心理学方法解决意志问题的西方思想者,他们互相之间，以及他们与佛陀之间，至少会在一点上达成共识：意志首要是在注意（attention）或集中（concentration）的行为中被展现出来的。佛陀的职责在于宣扬这个真理（人如果想要脱离烦恼就必须遵循的真理）。引发烦恼的“因果关系”（causal nexus）或“缘起链”（chain of dependent origination）[1]相当难以把握。对于西方人来说，这确实看起来像是一个无望的谜题。无论如何，链条的关键链接是“无明”。严格来说，从佛家意义上来说，一个人不会仅仅通过默许四圣谛而克服无明。任何一个没有超越这个阶段的人都会被比作替他人数牛的牧人。一个人只有通过将四圣谛化为行动才能真正拥有它们从而脱离烦恼。知识是跟随意志而动的。“信仰”（faith）这个词在佛教中已有诸多涵义，如同在基督教中一样。信仰的最初意思是行动（act）。基督教唯意志论者声称“我们不知道，这样我们可以相信，但我们相信，这样我们才有可能知道”时，佛教徒是认同基督教唯意志论者的。

在对意志的首要强调中，佛陀的学说不是西方意义上的一种系统，而是一条“道路”。佛陀仅仅就是践行过这条道路的人，并能够向他人传布他的发现。从这个意义上来说，他是“如来”（Tathāgata）。任何一个要践行同一条道路的人绝不能心猿意马，左顾右盼。任何不以
87 “清净、真如、菩提、涅槃”为宗旨的东西都应当被舍弃。任何一个进入佛教而期待能够为其仅仅是推测的疑问找到答案的人都会失望而归。一个佛教徒曾以一系列此类难题请教佛陀，如：世界是有限的还是无限的，永恒的还是非永恒的；灵魂和肉体是一还是分离的；圣人死后存在与否；等等。佛陀回答之后，他埋怨说自己从这些答案中根本没有得到教益。佛陀的回答是，人性本质上是罹患病症的。他自己认

[1] 梵文为Pratītyasamutpāda。

为他的角色乃是医生。在得到以上问题的答案之前拒绝依照佛陀的教诲行事的人，佛陀将他们比作被毒箭刺伤的人，这个人在了解清楚伤害他的人皮肤是深色还是浅色，属于婆罗门还是勇士阶层等等之前，他都拒绝接受任何医疗救治。没有人比佛陀对那些自认为有“意见”的人更不友善。我们不得不认同一位修习佛学的德国学生的话，他说，对仅仅是推断的思考的厌恶是正统学说的判别标准。有些人可能会表示不服，认为他的实践的而非形而上的气质是个弱点。佛陀会避而不谈某些问题，因为这些问题在本质上就是不可思议的；而有些问题佛陀避而不谈，是因为它们（以他自己的话来说）对进益没有任何帮助。然而，这些问题中的若干都是西方宗教与哲学中争论不休的问题。

要定义这些议题（或许是那个已经弃绝尘世的人所真正关心的），佛陀作出了跟耶稣（上帝的归上帝，恺撒的归恺撒）类似的区分。他不 88
但不鼓励信众们参与政治生活，甚至不让他们讨论政治。

虽然佛陀会向那些谋寻走上真理之路的人宣示真理（他们若能定神参透或可受益），同时也会为他们作出有说服力的表率，但我们却不能将他视为彻底的基督教意义上的救世主。归根结底，佛陀说，人是需要自救的。虽然基督徒和佛教徒都将救赎与一种相似的意志品质联系在一起，然而基于基督徒将这种意志品质与或大或小程度的神恩联系在一起这个事实，我们就可以看出两者结果之间的差异并不小。基督徒甚至会将佛陀的格言认定为亵渎上帝的：“自我就是自我的主。舍此其谁？”当然，基督徒们自己对于神恩的理解也是千差万别的。有人直接就能接受神恩，有人间接从教会接受神恩。例如詹森主义者，与耶稣会会士相比，因其强调内在之光（inner light），似乎看起来在精神上是自主的（autonomous），至少如果考虑外在权威（outer authority）

的话是这样的。但即便是詹森主义者这样的内在之光也完全依靠上帝的意志，这与佛陀的精神自主有着天渊之别。佛陀的自主彻底到描述它我们都要小心使用诸如自恃（self-reliance）和个人主义之类的语词，以免有受到误解之虞；因为西方的自恃学说，从古代的犬儒主义、斯多亚主义到爱默生，都与骄傲（pride）相连，而非谦卑。佛陀的这种个人主义，与时下我们熟知的那种将自我表达的福音与伦理责任的逃避结
89 合起来的个人主义，是完全相反的两极。对于西方人来说，佛陀似乎没有给予足够的自我表达的空间，同时他自己却大肆宣扬人只是自尝自己种下的果，无论好坏。这些果，与基督教教义相较，更为不可避免，因为人是受法（Law）的支配，而不是受多少有些专横的反复无常的神意的支配。佛教徒无法将自己进益的失败归咎于神恩的拒绝，也不能把自己不能完成的事托付给救世主。佛教徒也不能用对仪式礼仪的依赖（佛陀将其归入“十缠”之一）取代自恃。佛陀在生命弥留之际，告诫他的追随者要“以己为归”[1]。前面我已经提请人们注意佛陀教诲里的实证与批判（positive and critical）的要素，这会更增添一丝个人主义的味道。佛陀绝不会仅仅以自己的权威或是以传统迫使追随者接受他的精神真理。对法的首要强调使得佛教徒的性情比基督教徒的性情更为不带个人色彩。像帕斯卡《耶稣之谜》（*Mystère de Jésus*）之类充斥着宗教色彩的书，对于佛教徒来说可能是一种个性的病态爆发。

以上评断尤其适用于原始教义（original doctrine）。印度教中那种极端的宗教虔诚（*bhakti*）的精神在后来的佛教发展中也能找到对应。总体来说，如果我对大乘佛教的诸多派别作一番爬梳的话，我以上所

---

① 见《涅槃经》：“以己为岛，以己为归，舍己而外，他无所依。以法为岛，以法为归，舍法而外，他无所依。”

说的很多话都要修正或者推翻。大乘佛教的某些派别对于仪式礼仪相
当推崇信仰，并将它们视为救赎的法门，这种推崇是基督教历史上任
何时期都不及的。转经筒（prayer-mill）这样的例子，会发生在所有人 90
身上。大乘佛教的某些宗派所提倡的那种神通的形而上的推断思考，
正是佛陀本人所拒斥的。随着这场运动（这场运动至少在微妙程度上
大致可以被认为与西方知识论考察传统相应）而来的是一场持续了几
个世纪的关于表象和实体之关系的辩论。无可否认，佛陀自己就是极
为微妙的。这种微妙，不似大乘佛教，是心理学意义上的而非形而上
学意义上的微妙。最终，原始教义倡导的那种精神自主与自恃在大乘
佛教中远未得到重视，有时甚至是被彻底抛弃了。伴随着这种彻底弃
绝而来的是，佛陀成了神或是救世主，而非人了。关于更高意志（higher
will）的教诲虽然被保留下来，但是它被修改成了类似基督教恩典学说
的东西。对精神自恃的抛弃经常是有意为之的。根据日本某位大乘佛
教徒的论断，人早先是能够通过自己的努力而得到救赎的，但是，鉴于
目前人类的堕落，人类唯一的希望在于阿弥陀佛的恩典和怜悯。同时，
恩典的支持者与虔诚的仪礼奉行者之间展开了辩论，这种辩论在基督教
历史上的某些时期也出现过。这种类比实在是太多，以至于有些人怀疑
有一种独特的认知（gnostic）型的基督教直接或间接地影响了大乘佛
教。我们还应当补充一点，佛教各教派的信徒相较而言都是个人主义
的。他们没有被整体地规划到一个严格的外在权威之下。佛教世界从
未出现一种可以与罗马天主教会相提并论的执行外在权威的机构—— 91
罗马天主教会在相当程度上是以罗马帝国组织结构为范式的。我们可
以将这个话题总结如下：虽然大乘佛教和小乘佛教在严格的伦理教义
上有着相似点，但大乘佛教给了这些教义一个完全不同的背景。

牢记这些大致的区别，我们下面回来讨论佛陀解决意志问题的实证的心理学的方法。从他对扩张的欲望及感受到的意志作出的区分来看，正如我之前说过的那样，他是一个毫不妥协的二元论者。通过操练这种意志品质，一个人会逐渐抛弃那些不恒常的东西，进而追求更为恒常的东西，最终完全摆脱无常。因此，佛陀最大的优点即为将这种努力的精神（我们可以称之为精进）化为实践。他临死之前对弟子的最后嘱托便是“切勿放逸（*appamāda*），勤加修持”。任何一个领会了其中涵义的人，在理解佛教教义上都会更上一层楼。

我们知道，佛教徒们对于精神努力（spiritual effort）的阐释，毫无疑问在内容上甚至有可能形式上都与《法句经》第二章相类似，它使得阿育王皈依佛门，这在远东文化史上有着不可估量的重大意义。当阿育王对他的臣下宣示“乐在勤中得”“无论强弱，均需勤勉”的时候，我们就知道他已经掌握了佛陀精义了。阿育王乃是行动的，无论从哪
92 个角度来说；佛陀也是同样，这对那些寻求佛法真理的人来说也应当同样足够清楚。尽管佛陀和阿育王无论从哪个角度来说都是行动的人，但毋庸置疑，他们都更关注内在的行动（inner action）而非外在的行动。佛陀将诸种行动联系在一起，并且赋予那种最终促成自我控制的行为以最高优先性。他有一个在宗教上会显得矛盾的表述：一个外在怠惰的人可能会转眼间变得比那些外在有行动力的人更为精进，更为进益专注。据记载，佛陀曾向一位婆罗门行乞，这位富裕的婆罗门责备佛陀无所事事，佛陀则回应说自己正在耕耘一种比土地远更重要的东西。“信为种，苦行为雨，慧为轭与犁，惭为犁把，意为辕轭，正念为锄与鞭，精进为牛马。”[①] 这样的精神耕耘收获的是“不朽的果实”（fruit of im-

① 见《小部》，《经集》，蛇品第四，《耕田婆罗堕阇经》。

mortality）。确实，万事都依靠业功（work）的品质，无论人们是想当木匠、国王，抑或是圣人。

*Karma*这个词，其涵义虽然有时候与*appamāda*（这个词用来指涉更高意志的有益操练）几近相同，但是更常用来指业力学说，从更广泛的意义上来说，是指“人的过去决定着人的现在”。几乎不需要多说，相信这种更广泛意义上的“业”的存在，相信轮回的存在，这些信仰都不是佛陀独有的。此观念在印度早期历史时期就很普遍了，西方重要哲人如柏拉图等也不乏持有如此想法。然而，根据正统的佛教徒的说法，世尊对“业力”的接受并不是基于继承传统的考量，而是基于当下 93
的觉察（immediate perception）。当然，佛陀的了悟（insight）的本质与业的实现，两者都被划归为“不可思议之事”。我们至多可以确定的是，佛的境界被认为是一种“纯粹视界”（pure vision），这个视界参透的真理之一就是：人要收获自己所种之果。一个成佛之人应当不仅能够立即看到自己的业，而且要能随心看到他人的业。普通佛教徒，甚至是非佛教信仰者，有可能会获得某种程度的超乎常人的记忆力（这是成佛题中应有之义），虽然他们的觉悟与成佛的阿罗汉相比，就像是烛火之于日中之光。读者可能已经随着阅读注意到，在西方思想中水火不容的两种观念——猝然皈依（sudden conversion）与养习（habit）——在佛教中合一了，因为佛陀坚持认为，个人应当为其今生与往世所做的事负责。猝然皈依是佛教徒们承认的，但这种皈依经常也被认为是长久习染的结果。那些不仅仅与短暂的今生，而且与世俗往世留下的印象（impressions）相关联的印象与行为，深埋在我们今天的心理学家所说的“无意识”里，这也或多或少地左右了一个人无论今生还是来世的性格和行为。由此观之，业是一种命，但这种命，人自己是作者，这

种命，不会在任何一个特定的时刻完全破坏伦理自由。

纯粹的超自然主义者如佛陀，与原始主义者的区分点，就在于他
94 们各自对于无意识的态度，也正是这个区分点让他们迥然不同。原始主义者随时准备以理智与更高意志为代价向杂乱的无意识影像投诚，以此希望自己能够一享无拘无束的创造力的感觉。佛陀则正好相反，他让理智（作为区别力）服务于更高意志。他认定，以理智服务更高意志使得我们有望一瞥“无意识”，揭示从而最终清除这个神秘的胚芽，因为如果任由它自由生长的话，等待我们的就将是苦难。佛陀理解的了悟就是日益增长的觉悟（awareness）。这与现代打着“回到自然”的旗号实则滋蔓无章的想入非非完全是两码事。一个人的智慧是以他从感觉的迷梦中清醒的程度来衡量的。当歌德说迷误之于真理正如睡梦之于清醒的时候，他是一个百分之百合格的佛家弟子。“佛陀”（Buddha）[①]这个词本身就是“觉醒者”（the Awakened）的意思。“正念”（right awareness）[②]确系佛家“八正道”的第七道，紧随其后的就是最后一道“正定”（right meditation）。

我们现在来到了佛教的核心。在其他信仰中被认定是不可或缺的东西如祈祷、尊奉一个人格神等，佛陀把这些东西都列为次要或者完全不重要的东西；但是如果一个宗教没有修行或精神集中这些要素的话，那么佛陀认定这种宗教生活是很难持存的。

有些学者倾向于强调数论（Samkhya）、瑜伽（Yoga）哲学与佛教之间的关系。然而，我们对印度哲学系统的历史发展知之甚少，佛教从何种先前思想中受益，这事很难证明真伪。然而，正如我之前指出的

① 巴利文动词词根budh的过去分词。

② 梵文为sammasati。

那样，佛教的精神核心并不是一种哲学系统，而是一条“道路”。但是，
从心理学的角度而不是系统哲学的角度来理解瑜伽，并且在这个意义 95
上宣称瑜伽派与佛教有着亲缘关系，这种看法是合理的。从这个心理
学的角度，印度在远比佛诞更早的时候就为瑜伽这种思想所主导了，
有人甚至会说印度对这种思想很着魔。这个词在词源上与拉丁文词
jugum（轭）和英文词yoke（轭）有关联，牢记这点对我们理解瑜伽大有
裨益。从隐喻的角度来说，一个人练习瑜伽就好像给自然自我（natural
man）的冲动上轭、套缰，尽管这个词通常专指在冥想中生出这种特殊
的意志品质。冥想中对自己的束缚有时会被比作真实生活中给牛马上
轭。佛陀自己也被后来的佛教经籍不无道理地称为伟大的*yogi*（瑜伽
行者）。精神导师不能仅从他所处的环境来理解。但是，他的思想确
实有赖于先前思想的巨大发展——将大众朝向一个指定方向的注意力
转移到（在这里是）人凭借其力量可以超越自然自我的意志品质。差
不多同理，一个达尔文、一个巴斯德的出现，并不是西方几个世纪以来
对于自然秩序的专注研究的必然结果；但是他们的出现却是以这些研
究的发展为先决条件的。佛陀应该是从瑜伽派大师那里受到了冥想
诸境界的启蒙，除却最后一个境界：涅槃。佛陀（他对绝对物和最终物
通常不是那么友好）声称，最后一个境界乃是最终的从流变中的解放，
这也是整个学说的鹄的。从这个角度来说，涅槃这个话题在西方的讨
论对于一个佛教徒来说是愚蠢不堪的。通常来说，西方的学生赋予涅 96
槃以一种虚无主义的解读，并且对涅槃持反感的态度，但同时他们又
为佛陀表现出的同情所吸引。这样看来，似乎佛陀的大慈大悲的最终
目标只是虚无（nothingness）。我们要避免这种严重的误解，必须谨记：
阐释“爱”与“涅槃”都必须要跟修行中所生出的特殊的意志品质相关

联。正如我已经说过的那样，这种意志总体来说是一种制约意志（will to refrain），从更激进的层面上来说是一种拒绝意志（will to renounce）。佛陀所拒绝的是扩张的欲望。从字面上来说，涅槃的意思是扩张欲望——尤其是三毒“贪”“嗔”“痴”——的消弭与灭亡。欲望消弭之后仅剩下空（nothingness），这也不是佛之本意。寂灭或欲望的消弭（无有爱[*vibharatanhā*]意义上的）遍布佛典。佛陀的诉求，从根本上来说，不仅仅是欲望的休止，而且面向着永恒。消极来说，涅槃的定义是“逃离流变”，积极来说，涅槃是“永恒的要义”。严格来说，在流变之上的东西不能以流变定义之，“意识思维”（mind）对于佛陀来说就是流变的一部分。因此，任何从一开始就要求对涅槃有一个确定的知性表述的人，在佛陀看来都与真义失之交臂。此种对于涅槃的理解的价值，用一个佛陀自己用的比喻来说（用意有所更动），就像是一个未破壳的雏鸡对于外在世界的想象一般。对于佛陀来说，这个比喻的关键在于雏鸡能够破壳而出；借此，佛陀说，人类拥有意志的力量践行成佛之路从而收获果报——如果他行动起来的话，而不是仅仅是空想。如果要
97 问这种果报的本质，答案很简单，即圣人不再局限于世俗意识的范畴；相反，他已“深不可测，若大洋一般”。

虽然这种果报的本质不能被抽象化，但我们在某种程度上可以用心理学的方式及具象的方式描述它；因为涅槃通常是此生获得的，这又使得这种描述更具可能性。帕斯卡说，唯一值得受到夸赞的人，是那些成功地把人的尊严和人的苦难恰当融合在一起的人。佛陀似乎就是配得上这样的夸赞的人，虽然他对尊严的认识（尤其是在这点上）与基督教的认识并不完全一致。佛陀是人类，人类状态比任何其他状态都更接近神圣，这是佛陀理解的尊严。不仅仅是佛陀自己，许多信

众亦如是：达成涅槃，将成佛后的经验与成佛前的日常意识中的经验作比对，这些都是成佛的题中应有之义。我们已经看到，佛陀使康德三问题中的第一个“我能够知道什么”从属于第二个问题“我应该做些什么”。同样的从属关系也出现在了他对第三个问题的回答中。蒲柏（Pope）在一段句法不明的诗行中表达说，人不会在当下受福，福总是在未来。佛陀则正好相反，他所欲的正是当下的福，而不鼓励人们心存任何一种有可能会转移人们对当下之福或是当下努力（福由此而来）的期许。毋庸置疑，佛陀对那种人道主义的期盼（humanitarian hope）并不看重：他不像年少的华兹华斯那样认为“社会是耀眼的新娘”，也不像丁尼生那样企盼一个“遥远的神迹”。他完全没有那种怀旧的渴盼，也没有那种与这种期盼相关联的模糊不明的飘逸的想象。 98
与佛陀力图达到的那种完全的精神解放相比，即便是老派的期盼（即福在未来世界）也被认为是对真正的佛家弟子毫无益处的：

> 神终日觊觎着我的园庭，
> 七圣徒也被无益的梦想折磨。
> 可是你，谦卑的爱善的心灵，
> 我为你备的礼物让天堂失色！①

还要补充一点：佛家的“此时此地涅槃”与印度教哲人的“在世解脱”（*jivan-mukti*）颇有相似之处。我们甚至可以说，（除他们之外）没有任何人在救赎这个主题上更加反对任何形式的迟延和懈怠了。佛陀更愿意让他的信徒们行乐于当下——当然这里说的行乐不是当下的肉

① 出自爱默生的诗《梵天》。

体乐趣，而是当下的宁静。

宁静是佛教学说的主旨所在，但这种佛家的宁静不是静态的而是动态的，这是一种由努力达成的平静。自然欲望弭灭之后达成的这种境界总体来说不是一种冰冷的幻想，如果我们相信佛家之言的话。我们确实可以用热情（enthusiasm）这个词来形容它，虽然这里的热情的涵义不是我们所熟知的那种，而是那种被定义为“超拔的宁静”的热情。佛陀自身的言说中似乎有着无量安宁，这种安宁不带有丝毫倦怠。遍布在远东的不可胜数的雕塑都试图想要表现这种沉思的宁静，其中
99 一些颇为成功，如日本的镰仓大佛[①]。一个不沉醉于“飞蛾对星星的欲望”[②]，不沉醉于欲望所带来的精神狂躁的人，在深受浪漫主义浸染的西方人看来，不仅缺少诗，更缺少宗教。比如切斯特顿[③]先生就力图要从这个角度证明基督教圣徒较之佛教徒的优越性。他说“佛教徒总是双眼紧闭，基督教圣徒总是双眼大睁。佛家圣徒身材修长协调，但眼睑沉重，睡意沉沉。中世纪圣徒骨瘦如柴，但双眼瞪睁。佛家圣徒的眼神有种特别的内向感，基督教圣徒的凝视有种癫狂的外向感”等等。毫无疑问，佛是佛，基督是基督。伦敦某报若干年前发表了以下发自印度的报道：“追测到一个新圣徒，在斯瓦特谷，警察正在跟进”。但是一个清楚自己圣徒身份的人，无论是佛家还是基督教的，都恪守沉思之务，且宁静之深度与沉思之深度相当。我们还能肯定，切斯特顿先生必然会认同以下观点：天国在我们的内心之中。如果切斯特顿先生

① 严格说起来，这不是一尊乔达摩的像，而是一尊阿弥陀佛的像。——作者原注

② 见珀西·雪莱1824年发表的诗作《有一个词经常受到亵渎》（One Word is Too Often Profaned）。

③ 切斯特顿（Gilbert K. Chesterton，1874—1936），英国作家、文学评论者以及神学家。

能够解释圣徒如何能够通过“癫狂的外向凝视”找到内在的东西的话，我倒是很乐意听听。正如其他很多将浪漫主义与宗教混淆在一起的人一样，切斯特顿先生成功地误读了佛教和基督教。真相是，虽然基督教在萌生之时性情上比佛教更情感化，且早期有一种怀旧因素，但最终它与早期宗教（older religion）是相合的。这两种信仰都强调宁静，且这种宁静超越了知性（understanding）。

马修·阿诺德将宗教定义为情感触动下的道德，基督教徒与佛教 100
徒则会认为这个定义是不恰当的。那些为数众多的在佛的本真教义中只看到伦理元素的人都犯了大错，他们深深地误解了佛教。通往宗教之路会穿过道德——这点佛陀表示得最明确；当一个人接近目标的时候，他将成就完全不同的东西。达成涅槃寂静之人——佛陀不断提醒我们——是“超越了善与恶”的。

宗教与情感的关系（尤其是佛教与情感的关系）混乱不堪，这个问题更为紧要。我之前说过，西方学生对涅槃持一种反感的态度，但同时又总是被他（佛陀）吸引，因为他将爱（love）与同情（compassion）摆在了首要的位置。事实上，要突出强调他的爱与同情也不是那么简单的。他敦促我们要有“无边之慈爱”，“犹如危己命以护己之独子之母”[①]，这种慈爱不仅要施予人类，而且要施予万灵万物。然而，佛陀之爱如同涅槃，一定要与沉思中付出的那种特殊行动联系起来理解。这种爱不是从自然人身上天然散发出来的，而是像基督的慈悲一样是一种超自然的德性（supernatural virtue）。目前的这种混乱局面，估计是18世纪的感伤主义及其后续即19世纪情感浪漫主义的显著结果。这

---

① 见《慈爱经》（*Mettā Sutta*）。

种混乱可以在心理学上定义为一种倾向，一种以不理性的感觉扩张（subrational expansion of feel）代替超理性的意志集中（superrational concentration of will）的倾向。比如，有多少人为圣弗朗西斯的爱而赞美欢呼，虽然他们的一生与圣弗朗西斯传布的谦卑、纯洁、贫穷没有丝
101 毫关联，而这些东西在弗朗西斯眼里却是与爱密不可分的。情感主义者甚至还把主意打在了比圣弗朗西斯更庄严的人物身上，如基督耶稣。他们还倾向于以这种不理性的方式来解读佛陀，虽然这点并不为人们所熟知。后者当中最具代表性的人物估计就是叔本华了，他将伦理学建立在不理性的同情（或怜悯）的基础上，继而把这种同情与佛陀的同情以及东方智慧相提并论。叔本华对佛陀的真言知之甚少，而他的错误关涉其学说整体，即便他对佛教有更多的认识，我也怀疑他不会主动更正自己的错误。

我已经努力澄清，佛陀虽然是一个热情的人（enthusiast），但他不是一个情感主义者。对于一个佛教徒来说，情感如同道德一样，是通往宗教之路上的绊脚石；人一旦达成目标之后，他将成就完全不同的东西（前面已经提到）：无上的宁静。佛陀和他的早期追随者们绝不会想到要用“温热的眼泪”来衡量人性，更不会以此来衡量自己的宗教。佛的得意弟子阿难，在得知佛生命将尽时流下了眼泪，这在我们看来是多么令人感动，但在罗汉或者真正的圣人看来，这是精神尚未成熟的标志。他们深受关于不永恒之物的真理的浸染，佛陀之死甚至也不能撼动他们。这种宗教定力如此彻底，它摒除一切柔情，以至于在我们看起来稍显残酷。然而，对于佛教徒来说，这种“广大”与“无量”的安定和爱有一个共同的来源：正确修习。

再者，我们不要忘记，虽然佛陀大慈大悲，但他也很严厉。他的爱

不是那种罔顾正义的爱。在佛陀那里，跟在基督那里一样，爱与正义 102
完美融合，形成一种单一的德性。在佛教和基督教后来的发展中，同情的原则，至少是在某种程度上，与正义逐渐决裂了。大乘佛教中对观世音菩萨的崇拜与西方对童贞玛丽的崇拜有些许相似之处。现代人道主义的同情，虽然它也凌驾于正义之上，虽然它也经常与基督与佛陀相提并论（前面已说到），但它是一种完全不同的东西——一种更加无理性（subrational）的东西，这点毫无疑问。

佛教首要强调的是制约意志，因此，西方人常常觉得佛教过分消极。然而，成佛之人理应修成的那种定力与大慈大悲绝不能被理解为是消极的。另外，虽然修佛之旨经常被消极地描述为"脱离苦海"，但它也被积极地描述为福报。佛家的性情是欢娱的，如基督徒一样，而不像斯多亚哲人。里斯·戴维兹[①]花费毕生心力整理原始文献，宣称早期佛家弟子有着"充沛的乐观主义精神"。对于这个词需要解释认定一番。真正的佛家弟子，像真正的基督徒那样，对未皈依的人颇为悲观；但是，尽管他认为生命在量（quantitatively）上是糟糕的，他对生命中的某种质（quality）的东西却是毫无疑问充满热忱的。圣保罗也给予"乐"应有的位置，将之归入"圣灵所结的果子"之一。[②]同样的德性也出现在了阿育王对臣下的训导中：两者都强调喜乐从对节制意志的操练中来。早期佛家弟子无论如何也不会熟稔帕斯卡所说的那种"彻底而快乐的弃绝"（*renonciation totale et douce*）。"让我们快乐地
生活，虽然世界万物我们不据为己有。"坦率地讲，佛教至少在原初时 103

---

① 里斯·戴维兹（Thomas Rhys Davids，1843—1922），英国学者。

② "圣灵所结的果子，就是仁爱、喜乐、和平、忍耐、恩慈、良善、信实、温柔、节制。"见《圣经·新约·加拉太书》5:22-23。

期，比基督教更关注幸福。传统来说，基督徒弃绝世界的动机在于他们对上帝的爱。对那些只顾自己利益的人，佛陀也会让他们作出类似的弃绝态度。“开明利己”（enlightened self-interest）这个词的涵义不幸已经有所改变。佛陀赋予“开明”“利己”这两个词的涵义与实用主义所赋予它们的涵义相离十万八千里。亚里士多德建议一个人要爱自己，这时他与佛倒是更近一步。有的学说鼓吹让人完全不要考虑自己，而应该纯粹出于对上帝的爱或者上帝的荣耀而行动，或者如最近流行的学说鼓吹的，要出于对人类的爱而行动，这些学说都有些许可贵之处；但是，考虑到人性事实的时候，我们就不免怀疑这些学说的根基是否跟真正的自爱学说同样牢固。诚然，如同其他学说一样，自爱学说也很容易被滥用。我们听闻，在佛教之地流行着一种依据业力而进行的一种对利与不利的文字上的无趣的算计，一种可能导致负面的自利的精神记账簿。我们还听到一种抱怨说，由于佛陀坚持人的首要义务乃是其自身，佛教徒与基督徒相比便普遍缺乏一种互助的精神。

如果把关于自爱的这种教导解释得足够清楚的话，结果就不会这么惹人厌烦了——一个人所爱的这个自我并不仅仅是一个更高的自我，而是人类所共有的那种自我。对于日常的或者是自然的自我，佛陀总是用一种使人联想起基督教的语言。他将真正的自爱解释为舍，
104 这种矛盾的解释法基督教也是有的，并且类似，此即——向死而生。
佛陀说，凡是不恒久之物不仅不是实存的，且最终是梦幻泡影。然而，佛陀并没有师法印度教哲人强调幻影（*māyā*），而是强调意（*manas*）的妄念与幻相。这种由摒弃一切虚假和幻想的自我达成的止息（elimination），对于一个苦行的基督徒来说也是极为极端的。不操练更高意志（制约意志）便不能达成这种止息。我们确实可以引述佛陀，宣称人

性的痼疾在于妄念与怠惰，且妄念归根结底也只是怠惰的一个面相；以此观之，正如精神精进是至高的佛家德性，精神怠惰与懒散则是不可饶恕的罪过。然而我们要铭记心间的是，精进及其反面首要关切的是修行，而不是外在世界。

修行在佛家信仰中的地位如此至高无上，讨论如此之多，以至于我们很难避而不谈与之相关的最为棘手的一个问题——神秘主义（mysticism）的问题。第一步，我们须得对这个模棱两可的词汇作一番限制。某些权威人士意欲将其等同于宗教，这是不可接受的。例如，波舒哀[①]本人虽然在宗教上很虔诚，但是完全称不上是神秘主义的，甚至对神秘主义还有些正面的敌意。我们之前从词源角度上来理解*yoga*，现在我们依法炮制，这应当会对我们的理解有所助益。从词源上来说，神秘境界意味着一种真实的双目紧闭。在真正的神秘主义中，
日常意识被模糊化，甚至被压制，人们感受到某种整全（wholeness）或 105
者是更加真实的统一（unity）。毫无疑问，佛家修行从这个意义上来讲是神秘主义的。比如，一个现实的例子是，雷电击中了一农夫与四头牛，附近在冥想中的佛陀丝毫不为所动。这令人想起一个叫普罗提诺（Plotinus）的人所说的*henôsis*[②]或“神秘的聚合为一”（mystic absorption in the One）。在这个点上，我们需要作出严格的区判。普罗提诺的学说与笼统意义上的新柏拉图主义者的学说，虽然在某些特定的点上与佛陀的相合，但总体来说是截然不同的。这两种学说所说的神秘主义有着质的区别。新柏拉图主义，尤其是普罗提诺，对欧洲文化以

---

① 波舒哀（Jacques-Bénigne Bossuet, 1627—1704），法国主教、神学家。

② 希腊文ἕνωσις，柏拉图主义，尤其是新柏拉图主义的代表概念，英文常译为“oneness”“union”“unity”，有很强的神秘主义色彩。

至近东文化影响之巨大就不用我们展开多说了。这种影响通过伪狄俄尼修斯（Pseudo-Dionysius）也渗透到了基督教内部。早期文艺复兴又赋予了它新的推动力，如斐奇诺[1]的《〈会饮篇〉评注》。新柏拉图主义对柏拉图的阐释与真正的柏拉图主义之间的混乱到今天还没有被扫清。埃克哈特[2]、波墨[3]、布莱克[4]的时代都能看到新柏拉图主义式的神秘主义的一脉相承。

佛陀与或多或少有新柏拉图主义气质的人物的首要显著区别，在于他们在恶的问题上的态度。对于普罗提诺来说，恶本身没有实存性（intrinsic reality），它只是善的缺席。我们大概可以在普罗提诺身上看到一种真正的精神性的因素（an element of genuine spirituality）——他远非佛陀那样态度鲜明的人物——我们同时还可以认定这种观念
106 （“恶仅仅是一种剥夺”）的危险性。这种观念倾向于怀疑任何一种感觉到的负面的和限制性的东西，并倾向于将对善的追求与扩张式的渴念联系在一起，而不是与弃绝（renunciation）相联系。西方宗教与文学中诸多形式的怀旧表达与新柏拉图主义的影响并不是没有关系的。这个意义上对“无限”的追求对于佛陀来说是极为陌生的，因为他主张人的更高意志首要在于抑制（inhibition），而正是在这个层面上，他是一个毫不妥协的二元论者，这点我先前已经说过。

基督徒的谦卑在于使自然的自我屈服于神意，这种谦卑也是非常二元主义的。新柏拉图主义的那种神秘主义者则正好相反，他们试图

---

① 斐奇诺（Marsilio Ficino，1433—1499），意大利文艺复兴早期的人文主义者。

② 埃克哈特（Meister Eckhardt，1260？—1327？），德国神学家、哲学家，神秘主义者。

③ 波墨（Jakob Boehme，1575—1624），德国神秘主义神学家。

④ 布莱克（William Blake，1757—1827），英国诗人、画家，浪漫主义代表人物。

模糊这种二元主义，甚至要整体抹杀它。他们不大关心基督教里的人的罪恶，也不关心佛家所说的那种明确的恶（positive evil）——精神怠惰。因此，他们身上的那种谦卑精神自然不如基督徒与佛教徒那么显著，而且，神秘主义者倾向于认定自己与神等同，不再需要对神意有所依赖。罗马天主教廷也业已承认那些在正常人看来病态十足的神秘主义者。然而，以其世俗经验，它是否曾对神秘主义者可以宣称自己已经“成神”（如凯瑟琳修女向埃克哈特宣称的那样）持首肯态度，这值得商榷。

埃克哈特自己的神秘主义（夹杂着新柏拉图主义的成分）与中世纪那种推崇理智高于意志的学派有关联。总体来说，厘清神秘主义对理智的态度和对理智与意志的关系的态度意义重大。新柏拉图主义的神秘主义者让人想起佛教徒，因为神秘主义者认为“最终物是不确定的（indefinable）”。佛家则认为要达成这种最终状态，修佛之人须拥有最为明确的判断与分别（sharpest discrimination）。践行“道”之人—— 107
虽然这个语词不是佛教用语，但我们禁不住要说——会把自己的理智作为更高意志的工具。新柏拉图主义者却远离那种在佛陀看来极为有益的集中（concentration），而偏好扩张（expansiveness）。于是，神秘主义者以判断分别为代价赢得了或多或少的神秘的“一”。“所有的肯定都是一种否定”（*omnis determinatio est negatio*）这句格言本身是站得住脚的。但是，当否定被以新柏拉图主义的方式认为是一种善的缺席的时候，随之而来的是对这个格言的新阐释，这种阐释对自我限制或任何一种限制都无甚裨益。任何神秘主义者的目标都是与更大整体相统一（union with a larger whole），但这种统一是经由增繁（multiplication）达成还是泯分别（obliteration of distinctions）达成，弄清这点至关重要。正如我们在普罗提诺身上看到的那样，当理智独立行事的时候，它就会忘记自己作为辅助和工具的角色并建立起绝对物，或者是设计出某种形而上的对二元论的否定。这种一元论倾向（虽然它有时候并不带有神秘主义的色彩）会走向自己的极端，继而生发出矛盾统一（*coincidentia oppositorum*）这种论断（从古代中国的道家到黑格尔与克罗齐），最终走向善恶无差别论。然而善恶有别这个论断是我们必须存而不疑的底线。这种理智上的矛盾统一（intellectual running together of opposites）也有情感上的对应，这种情感对应时常也有着神秘主义的色彩，正如我们每个信奉“回到自然”这个学说的现代信徒所熟知的那样。后一种神秘主义与佛家神秘主义是格格不入的。早期的佛家弟子行一种苦修败坏身躯就是例证。为求比照，我们援引诺瓦利斯[1]
108 的话——“碰触人类身体时，人便触摸到了天堂”；或者是惠特曼（人们称其为神秘主义者）那句可以与诺瓦利斯诗行相媲美的稍显怪诞的语句——“我溺爱我自己，一切都是我，一切都是那么甘甜”[2]。当惠特曼说到感官的“神秘狂热”（mystical deliria）时，他所用的“神秘”一词在佛陀看来仅仅意味着癫狂。诺瓦利斯和惠特曼的神秘主义的本质就是一种原始主义的梦幻，这种神秘主义完全不能被当成一种行动（action），如真正的修行那样。这种神秘主义源于一种注意力的涣散，源于一种尝试理解精神价值甚至是自然秩序的努力的松懈；这种时常出现的神秘主义让人不禁要怀疑其作者是不是本身有什么身体疾病。

之前的这段分析如果是合理的，以下结论似乎就可以成立：西方所谓的神秘主义总体来说是很让人心存疑窦的，尤其是现代的回到自

① 诺瓦利斯（Novalis，1772—1801），德国诗人、哲学家。
② 参见惠特曼（Walt Whitman）的长诗《自我之歌》（Song of Myself）。

然的口号，虽然是它为诗歌开启了新的方向，但从基督徒或者是佛教徒的角度上来说，它的神秘主义特征所呈现出来的仅仅是对真正的修行的一个非理性的戏仿。远东也出现过大规模的道家原始主义运动；大乘佛教徒，无论是受到道家的侵染还是其他学说的影响，也出现了一种或多或少泛神主义的修行（这种修行在原始佛教里是完全不存在的）：这些我们也最好有所了解。任何一个修习佛陀之道的人必须在理智上有高度的判别力，在更高意志上有着精进的精神；然而，华兹华斯在他所谓的道家阶段[①]声称，任何一个想与自然交流的人必须要有被动性（passivity），要对"碍手碍脚的理智"提出怀疑。

从修行这个角度或者其他事情上来看，我们几乎不必强调佛教东方与今日西方之间的巨大精神鸿沟。正是因为这个鸿沟，或者至少是 109
因为信息不足，西方的佛教论著总是无意识地偏离原义，有时候还甚至是刻意扭曲原义。勒南[②]说，要想在Parisian omnibus[③]保持乘车礼节，同时又不违反公司规定，这是不可能的。今天任何一个决心修佛的人都会发现自己与时下文明的某些基本假设格格不入。任何一个西方人在首次读到尼柯耶时的凌乱感，估计跟一个古代佛家弟子置身现代发电厂的凌乱感无甚差别。在我们看来真实存在的这个我们生死相依的现象世界，佛陀会让我们视之若转瞬即逝的迷蒙幻影。另一方面，佛陀倾力要达成的那种涅槃，在我们看来也仅仅是虚无（nothingness）。恐怕佛陀要对我们的这种意见嗤之以鼻了。他已经强调过了，他的学说的核心在于实践。宗教事务中的知识问题都有赖于意志。知识是行

---

① 作者戏称。
② 可能指的是勒南（Joseph Ernest Renan，1823—1892），法国古代中东学家，哲学家。
③ 巴黎的一家公共交通公司。

动的产物。光说不做，南辕北辙而已。佛陀估计会贬斥我们为空想家。总体来说，把那个常见的问题“我们如何思考佛陀”反转为“佛陀如何思考我们”，将有助于我们澄清问题。后面这个问题的答案很明确，假设佛陀在看到我们的丰功伟绩后不被吓倒而仍能自持的话；因为我们真的很让人称奇。时至今日，我们的物质成就还是令东方瞠目结舌。

佛教从本质上来说是一种欲望的心理学，这点我已经说过了，因
110 此，要回答“佛陀如何看我们”这个问题，我们只需要将我们对于扩张式欲望的态度与佛陀对它的态度作个实证的和批判的比较。西方18世纪随着中产阶级的兴起而来（持续至今）的占主导地位的思想运动，大致可以从两方面予以归结：功利主义与感伤主义。这场运动的显著特征，从这两方面来说，即巨大的扩张力（enormous expansiveness）。功利主义者习惯于将持续扩张的生产作为其自身的目的。有人总结了一位杰出美国经济学家的学术观点：“猪生猪生猪生猪。”一群疯狂的生产者需要一群疯狂的消费者。人们也大肆赞扬广告专家们催生消费欲望的能力。佛陀意义上的欲望的根除，甚至是人文主义意义上的对欲望的限制，对于贸易来说只能是种打击。对于某些人来说，如果需求对于贪婪生活是一种平衡的话，那么，这样的人所需要的自然不是一种真正的节制原则，而是感伤主义者们所鼓吹的那种同情和服务精神，而这种同情和服务精神不过是扩张的另一种形式罢了。对于我定义的这两种扩张人格来说，佛陀的欲望心理学简直是严酷到无法容忍。另一方面，在佛陀看来，将极致的外在行动与极致的内在怠惰融合在一起的生命观几近疯狂。个体极尽焦躁之能事，而群体却能和平共处相亲相爱，这种时下流行的观点在佛陀看来简直是癔症。我们总是习惯从外围来讨论战争与和平的问题——如国家之间的战争与和平。同

基督徒一样，佛教会从中心——个人内心中的战争与和平出发。任何 111
内心与过度欲望斗争胜利的人，在与他人的交往中也会立刻展现出这种精神。如果此人恰巧身居高位，那么此种内心的胜利在政治行动上也会产生立竿见影的结果。请以佛教史说之。约公元前273年，阿育王，旃陀罗笈多（他在旁遮普［Punjab］击退亚历山大大帝的马其顿守军）之孙，继承了一个比今天英属印度更为辽阔的国度。他以武力守之，并欲以血征服世界。他起初确实如此行动了，之后却皈依了佛门。其结果由遍布帝国各地的阿育王法敕刻文或可知晓一二。在其中一个大摩崖法敕上，他表达了他对在羯陵伽（Kalingas）战役中丧生的千万生灵以及苦难的无辜者的“极度的悲痛”。“若有百分之一或千分之一的人再受此苦痛，天佑王将忏悔。”一个至高无上的君主不仅为他的占有欲望忏悔，同时将自己的忏悔刻写于石以为后事之师——身处当下境况的我们须得深思。我们所熟知的当今的政客们纵容自己对权力的欲望，纵容自己所属的政治集团的权力欲望，但当麻烦来临的时候，又逃责避难。例如，任何一个参与世界大战[①]的人士都声称：非吾之过也，他人之罪也。若我们以佛家之法而不是以这种寻找替罪羊的方式来考虑战争与和平的话，估计会发现更多人性的阴暗面；也就是说，我们从 112
内在生活（inner life）的角度来观照这个问题，并以实证的和批判的态度（将之置于内在生活所蕴含的节制与扩张的欲望的对立中）审查这种内在生活。古代梵文警句有言：粗人与君子，少欲或无欲，唯有“半吊子”，欲壑最难平。这正是说现代人的贪得无厌，他们对传统的节制论过于挑剔，然而又没挑剔到创出新的论调来。节制人性这一观念是

---

① 指第一次世界大战，白璧德逝世于1933年。

如何被弱化而纯然以扩张取代之的，要讨论这一历史沿革，我们需要仔细地查考神恩学说的历史命运，因为节制人性这一观念一向与神恩学说紧密相连。感伤主义运动的一个重要节点即为原始主义。原始主义者倾向于在自然的恩赐中而不是在上帝的“恩”中寻找幸福。他们强调一种“明智的被动”（wise passiveness），而非佛陀和基督徒百般强调的那种内在的精神努力。实用主义者则代表了现代思想运动的另一端，它模糊了基督教与其他思想中的更高意志，将行动（action）从内在生活转移到了外在世界，将精神动力替换成了物质动力。这个问题在新教徒，尤其是加尔文主义者那里很明显。加尔文的救赎论重神而
113 轻人，跟随者自然觉得内心努力徒劳无功，转而投身于外在世界，希望于外在世界取得的物质成绩能够证明自己蒙受神恩。那些研究现代资本主义起源（及由此而来的贪欲生活）的学者已经明智地注意到了这个发展。①

总而言之，人道主义运动，无论是其功利主义面相还是其感伤主义面相，其根本特征在于其扩张性。这场运动的代表人物不愿承认他们正在弃善扬恶，抛弃佛陀与西方宗教及人文主义共享的那种集中的（而非扩张的）教益。恰好相反，他们声称自己的学说预示着一种进步，这种进步的最终结果将是人与人之间的和平与友爱。简短来说就是，无节制之人却想坐享节制之果。他们身上似乎史无前例地展现出一种普遍人性的特点，一种在“半吊子”身上尤为明显的特点——心中欲望杂多却不可调和。欲求某种目的却闪避手段，要给这种心理作出个解释实在是不费吹灰之力：结果可取，手段却繁难辛劳。人们总是时

① 指韦伯《新教伦理与资本主义精神》。

刻准备着要大发横财，这种观念对我们来说是很熟悉的。拥有精神财富却不必付出相应的努力，这种教义实在过于诱人，然而，信奉这些教义大概也只是这些人形象的冰山一角。在美国——美国乃是"半吊子"们的天堂——任何一个能够设计出新颖且省劲的办法以"与无限达成和谐"的人，丰厚的物质奖励正在等着他们。

功利主义与感伤主义替代宗教而带来的伦理革命还未受到应有的 114
重视。如若没有伴随着某种意义而革命的话，这场革命的严重性可能会更加明显。传统中使用的那些概括某些伦理和宗教的词汇被留存下来，但是这些词汇的传统意涵却被修改了。现代运动，尤其是自18世纪以来，展现出"半吊子"们的另一种特性：他们的欲望杂多且常常互不调和，却欺己欺人地用一些模糊不明、含混不清的笼统语汇，或是通过偷换这些语汇的意义来掩饰这种不调和。比如，感伤主义者就将德性、良知这一类的词与情感扩张联系在一起，而非与制约意志联系在一起，如传统的那样。功利主义者也倾向于以外在事功（outer working）取代和消减制约意志（will to refrain）及制约意志所暗示的那种内在努力（inner effort）。这种语词涵义偏向的变化集中体现在"舒适"这个词的意义变化上。以物质舒适取代精神舒适，这在现代人看来是越来越合适不过的了。诚然，我们不知道可能会有怎样的秘密的焦躁折磨着现代人，或者至少是某些在逐日蔓延、环环相扣的齿轮间作为零件游荡而不知所终的现代人；然而表面上看来，大部分人都不再渴望那种作为宗教慰藉（religious comfort）之核心的安全感和宁静感，也任由功利主义者改写这些词汇的内在涵义，如同他们改写"舒适"这个词一样。一个美国人寿保险公司最近的一则宣传广告如下："佛

115 陀，生为王子，为内心安定而舍名弃家，离国抛财。然而我们不必放弃世界；只需联络人寿保险公司，我们就保您一生无忧，就这么简单，就能内心安定。”

这则广告所关涉的问题自然不仅仅是人们对佛陀的态度。基督与佛陀的差别，比起这两者与那些相信内心平静安定可以从保险公司购买到的人之间的差别，简直是微不足道。对佛陀的理解有助于对基督的理解。我们很难将佛陀与那些过去百年间试图篡夺佛陀之位的人道主义幽灵混淆在一起。通过转换词语内涵（前面已经提及），人道主义成功篡位并成为众人信奉的学说；它还在很大程度上展现了另一种人性——以自我解读历史伟人。因此，原始主义者和功利主义者都试图以自己的形象改造基督。例如最近一本耶稣传记的作者吉奥瓦尼·帕皮尼[1]抱怨道，“铺天盖地的对商业的迷信”已经使我们的生活行动严重偏向一端。而这种实用主义式的一边倒的对立面将会是有益于生活的，他说。这个对立面不是另一种行动，而是中国古代道家鼓吹的那种无为；继而他又把这种无为认定为是与卢梭的原始主义一样的东西，且与基督的智慧也是一样的东西。还有，最近的一位叫布鲁斯·巴顿[2]的先生解读福音书，为了向这个因为效率而自命不凡的时代介绍耶稣基督，他把基督包装成了一位广告艺术大师，一位现代商业鼻祖。

116 如果说，西方已经如我所说的那样偏离了宗教的轨道，那么我们也不必就因此信心满满地认为东方人依旧保有佛陀和他的早期弟子身上的那种宗教睿智。正好相反，要在当今的亚洲找到真正意义上的佛

---

① 吉奥瓦尼·帕皮尼（Giovanni Papini，1881—1965），意大利诗人、记者、小说家。这里指的是他于1921年出版的《基督的故事》（*Storia di Cristo*）。

② 布鲁斯·巴顿（Bruce Fairchild Barton，1886—1967），美国作家，广告执行。

家罗汉，其困难程度估计比在西方找到一位基督教典范圣徒有过之而无不及。据巴利文典籍记载，那些精研佛法（如今人则精研财富）的与佛同世之人亦觉得佛法无边、难以把握——如果这些记载可靠的话。“婆蹉！此法是甚深、难见、难随觉，寂静、殊胜、超越寻伺境界，聪敏之智者当知之也。故，彼具异见者、具异信忍者、具异爱好者、具异观行者、具异修行者是难知者也。”[①]另有一种辟支佛（private Buddhas）[②]的传统，他们认为佛法传诸俗世乃不当之举。据说，乔达摩成佛之后，对于是否将所悟之理传诸“被欲望缠缚”的人类颇有踟蹰。大梵天近之而恳请佛陀传授佛法。“自有能领悟者”，大梵天道。佛陀最终应允，曰：“佛门对无死者敞开。”

如果即便对于佛陀同时代之人来说，要入此法门、要耳闻“从遥远因陀罗天空吹来的芳香”[③]也不是件易事的话，那么这对于不善修行的西方人来说就更是难上加难了；对修行毫无了解的人，哪怕是想要略窥佛陀智慧也是不大可能的。从这个角度来看，西方估计会更觉得大 117
乘佛教中某些教派的佛陀更好亲近，因为佛陀在那里更像是一位“怜悯的主上”，而非“修行的大师”。可以肯定的是，大乘佛教徒即使承认巴利文文献的历史真实性，他们也会说自己的学说是一种对前人学说的发展，更会特别地强调“怜悯”，并以此炫耀自己学说相较于原始佛教的优越性。然而，发展理论运用于宗教总是让人生疑，无论是佛教

---

① 通妙译，《婆蹉衢多火（喻）经》，《中部》中分五十经篇“普行者品”，元亨寺版《汉译南传大藏经》。

② Pratyekabuddha，又译为独觉者，缘觉者。

③ 此诗行见于英国记者、诗人阿诺德（Edwin Arnold，1832—1904）于1879年出版的《亚细亚之光：伟大的弃绝》（*The Light of Asia: The Great Renunciation*）一书第八卷。此书是一部叙事长诗，所述乃是佛陀成佛之事，亦是对《普曜经》（*Lalitavistara Sūtra*）的一个改编。

还是基督教。宗教会有一种外围发展(peripheral development),如佛教或基督教艺术;但宗教内在中心的变动就是另外一回事了。一个伟大的宗教首先是一个伟大的典范;这种典范会随着时间湮灭,甚至是变化成一种完全不同的东西。相比于大乘佛教信仰,今日之佛教似乎在小乘佛教的信仰地更具活力。

整体来说,这个问题与当下热议的那个议题有关:东方特有的元素是什么,我们应对这些元素持什么样的态度。近日一个法国作家写到,欧洲受到来自美国大宗生产和机械效率的崇拜的威胁,觉得自己不得不在亨利·福特[1]和甘地之间作出选择。但是,甘地的教义更多地让我们想起托尔斯泰而不是纯粹的东方先知。佛陀所代表的却是一
118 种典型的亚洲观念(虽然这并不是亚洲特有的)——修行;佛陀比其他任何宗教领袖都更为实证与批判地强调这种修行与精进。而他的学说对于西方的重要意义也就在这里了,如果西方人愿意接纳它的话。科学自然主义者宣称,自己的这套方法才是真正实证与批判的。但是,他们试图将所有的人类经验纳入自然律下的尝试远非实证与批判的,相反,这种尝试在某个阶段会堕落得只剩下教条与形而上学假设。以下解决办法似乎会更有益处:科学自然主义的观念广为传布,那些以人文主义或宗教立场反对这些观念的人不应当背荷任何不必要的形而上学或神学的负担,并且他们应当诉诸经验而不是对立教条。我们都知道,彻底的自然主义者意图捐弃思辨哲学而以心理学取代之;在这一点上他们与佛陀是一致的。然而,我们都意识到佛陀和自然主义心理学家之间潜在的分歧,尤其是在众心理学家都达成共识的点上(他

---

① 亨利·福特(Henry Ford,1863—1947),美国汽车工程师与企业家。

们之间也分歧重重)。我们从行为主义者和精神分析学家身上就能够看出端倪,他们代表着当今心理学两个极端的双翼。精神分析学家是反观内在的,至少从他们对意识状态中反映出的自然人的某些欲望与冲动的兴趣上来看是这样。行为主义者却努力做到"客观",要避开那种可疑的内在反观,以至于他们否认精神分析理解的那种本能,甚至是意识自身。佛陀对行为主义者与精神分析学家都有些许肯定。如同精神分析学家,佛陀把人类的问题降解为一种欲望心理学,并以冲突 119
和调适处理欲望问题。如同行为主义者,佛陀处理人的问题的方式既不是形而上学式的也不是神学式的,而是实证的,他声称"人即其所为"。但总体来说,佛陀的立场却与精神分析主义者与行为主义者的立场悬殊颇大,一个解释就是:佛陀视节制原则为不可撼动的第一原则,而各派自然主义心理学否认这种节制原则,并以某种一元论取代之。如果佛陀及其他宗教先师所说的那种意志品质是一个事实的话,那就是一个明白无误的至关重要的事实;任何一种不将其纳入考虑的人生观最终是空洞无物的。如果一个人像行为主义者一样声称,人即是其所行,并且把这个"行"仅仅理解为身体外在刺激的某种反应,其结果是对人性的戕害。同样,不考虑更高意志的精神分析,其"调适"(adjustment)也必将是无意义的。宗教也将人生视为一种"调适的过程"。基督教观照下的这个过程,用但丁的话来总结最好不过了:"神的意志乃是我们的平安。"而《法句经》这样的作品会为我们揭橥:这种形式的调适在心理学上的对应,对于佛家弟子来说也不是陌生的。

在类似今日的这种自然主义时代,拒绝承认人性中有超理性的因素还是有一定说服力的。目前时代的心理学认为,人的行为与青蛙的行为在本质上无甚区别,这种心理学在现实中也能找到对应。如果精神分析能够很好地适用于分析真正的成佛之人，如同它适用于分析那个伪宗教人物卢梭及其无数的接班人，我们估计会更严肃地对待它。
120 如果一个人不想落入自然主义的囚笼，那么他最好脱离当下的时代，转而求助于过去的某些时代：当下的时代视生命为惊讶与好奇（wonder and curiosity）的无止境延展，而过去的某些时代更为关注的是宗教或人文主义的节制。佛陀的节制原则所针对的困境与我们所处的时代的困境并无甚差别，虽然时空上两者相隔万里。佛陀生活在一个哲学诡辩高度发达的时代。那时候的自然主义学说[1]从实用的角度上来说与科学决定论颇有类似之处。这些自然主义学说中，有一种学说最为颠覆个人的伦理责任，佛陀最为厌恶，并以人发之衣喻之，[2]冬凉夏暖，四季皆不适宜[3]。

总之，佛教与那些古代或现代的试图模糊更高意志的哲学或心理学（无论是出于什么目的）有着不可调和的矛盾。据一位德国权威的说法，佛陀对更高意志的强调之深可以用歌德的话予以总结：

> 克制自我之人方能
> 从掌控万物的暴力中解放自我——[4]

这些诗行让人想起弥尔顿的诗句：“把控自我，控制激情、欲望、忧

---

① 可能指六师外道。

② 指六师之一，阿耆多·翅舍钦婆罗。《慧琳音义》二十六曰：“阿耆陀，此云无胜。翅舍云发，钦婆罗云衣，此以人发为衣，五热炙身也。”

③ 此语出自《增支尼柯耶》。

④ 出自歌德的诗作《秘密：一个残篇》(Die Geheimnisse: Ein Fragment)。白璧德引文为Von der Gewalt die alle Menschen bindet/Befreit der Mensch sich der sich überwindet，原文为Von der Gewalt, die alle Wesen bindet, Befreit der Mensch sich, der sich überwindet，似为记忆偏差。此句译文从德文原文。

惧，这样的人胜似王者。”[1] 但是我们也不要忘了，虽然佛教对于那些
否定人性的节制原则的学说都持否定态度，但这并不意味着佛教与那
些赞成这个原则的学说就能和平共处。我以上所引的歌德和弥尔顿的
诗句可能也会得到斯多亚主义者的赞许。弥尔顿所用的“王者”一词
确实颇有斯多亚主义的色彩。但正如我之前所说的，佛陀的智慧，无 121
论该表达意味着什么，都绝不是斯多亚主义的。我们需要注意斯多亚
式的傲慢与基督教式的谦卑之间的一般差异，因为这样的差异也存在
于斯多亚主义式的傲慢与佛家的谦卑之间。这种斯多亚式的傲慢似乎
源自一种理性的篡位，它篡夺了本不属于它的王座，继而试图将所有
的经验事实归到一个单一的律法——“自然”律之下。因此，斯多亚
主义在形而上学理论中拒斥二元论，而在伦理学领域却承认这种二元
论的存在。换句话说，斯多亚主义将自己的节制原则嵌套在一种“内
在哲学”（philosophy of immanence）里，而基督教和佛教，虽然有
着不同的出发点，却都是超越（transcendent）的。一切都依赖于修行
这一思想。这个思想在西方自中世纪到现代已经渐趋式微，与之同命
运的还有那种超越的生命观。但是，如若人不能保留但丁所说的那种
静思反省的智慧观的话，宗教是否能自存，我对此持怀疑态度。佛家
的修行（如基督教修行一样）涵括对超越意志的操练，但是这种意志
却与基督教中常见的人格神无关。一个有着实证与批判性情且业已体
察到修行重要性的人，大概会更多地关注佛教与基督教间的心理相通
之处，而不是二者学说上的分歧。

---

① 见弥尔顿《复乐园》第二卷。白璧德引文为He who reigns within himself and rules passions, desires and fears, is more than a king。原文为He who reigns within himself and rules passions, desires and fears, is more a king。同样，疑为记忆偏差。

人名索引

（索引页码为原书页码，即本书边码）

Alexander the Great 亚历山大大帝 111
Ananda 阿难 101
Anaxagoras 阿那克萨戈拉 81
Aristotle 亚里士多德 103
Arnold, Matthew 马修·阿诺德 67, 79, 80, 100
Asoka 阿育王 70, 91, 92, 102, 111
Augustine, Saint 圣奥古斯丁 78, 86

Barton, Bruce 布鲁斯·巴顿 115
Bergson, Henri 亨利·柏格森 72, 77
Blake, William 威廉·布莱克 105
Boehme, Jacob 雅各布·波墨 105
Bossuet 波舒哀 104
Brahmā 梵天 79
Brahmā Sahampati 大梵天 116
Brownell, W. C. 布朗乃尔 74
Burnouf, Eugène 比尔努夫 74

Caesar 恺撒 88
Calvin 加尔文 112
Chandragupta 旃陀罗笈多 111
Chang, H. H. 张歆海 69
Chesterton, G. K. 切斯特顿 99
Christ 基督 73, 80, 87, 101, 102, 115
Confucius 孔子 68
Croce, Benedetto 克罗齐 107

Dante 但丁 119, 121
Darwin, Charles 达尔文 95
Davids, Rhys 里斯·戴维兹 102
Descartes 笛卡尔 81, 82, 85

Eckhardt 埃克哈特 105, 106
Emerson, Ralph W. 爱默生 79, 88

Fausböll 福斯波尔 74
Ficino 斐奇诺 105
Frod, Henry 亨利·福特 117

Francis, Saint 圣弗朗西斯 79, 100, 101

Gandhi 甘地 117
Goethe 歌德 80, 94, 120

Hegel 黑格尔 84, 107
Heraclitus 赫拉克利特 77
Hume 休谟 85

James, William 威廉·詹姆斯 86
Jesus 耶稣 70
Johnson, Dr. 约翰逊博士 80

Kant 康德 82, 84, 85, 97
Katrei, Sister 凯瑟琳修女 106
Kipling, Rudyard 吉卜林 75, 76

Lévi, Sylvain 西尔万·列维 66
Locke 洛克 85

Milton 弥尔顿 120

Novalis 诺瓦利斯 107, 108

Papini, Giovanni 吉奥瓦尼·帕皮尼 115
Parmenides 巴门尼德 77
Pascal 帕斯卡 69, 71, 78, 89, 97, 102
Pasteur 巴斯德 95
Paul, Saint 圣保罗 102
Plato 柏拉图 80, 84, 92, 105
Plotinus 普罗提诺 105, 107
Pope, Alexander 亚历山大·蒲柏 97

Renan 勒南 109
Rousseau 卢梭 84, 115, 119

Schopenhauer 叔本华 101
Spinoza 斯宾诺莎 82
Suddhodana 净饭王 78

Tennyson 丁尼生 97
Tolstoy 托尔斯泰 117

Virgin, The 童贞玛丽 102

Whitman, Walt 惠特曼 108
Wordsworth 华兹华斯 97, 108

译名对照表

All-Under-Heaven 普天下

A priori 先天

Americanism 美国主义

Ananda 阿难

Appamāda 不放逸

Apriorism 先验论

Arhat 阿罗汉，罗汉

Ariya 圣者

Arnold, Mathew 马修·阿诺德

Ascetic 沙门

Asceticism 禁欲主义

Aśoka 阿育王

Atula 阿多罗

Barton, Bruce 布鲁斯·巴顿

Becomer 变动的人

Behaviourist 行为主义者

Bergson 柏格森

Bhakti 宗教虔诚

Bīrana grass 芒草，毗罗那草

Blake 布莱克

Boehme 波墨

Bossuet 波舒哀

Brahmā Sahampati 大梵天

Brahmā 梵天

Brahman 婆罗门

Brownell 布朗乃尔

Buddha of Kamakura 镰仓大佛

Buddha 佛，佛陀

Burnouf, Eugène 欧仁·比尔努夫

Chandragupta 旃陀罗笈多

Chesterton 切斯特顿

Coincidentia oppositorum 矛盾统一

Concentration of the will 集中意志

Dante 但丁

Davids, Rhys 里斯·戴维兹

Descartes 笛卡尔

Dhamma 善法

Dhanapālaka 守财

Dualist 二元论者

Earth 地界

Eckhardt 埃克哈特
Eightfold (noble path) 八道，八圣道，八支道
Emerson 爱默生
Emotionalist 情感主义者
Empricism 经验主义
Enlightened self-interest 开明利己
Enthusiast 热情的人

Fausböll 福斯波尔
Flux 流变
Ford, Henry 亨利·福特
Four noble truths (sayings) 四 谛，四句谛，四圣谛，四种圣谛
Further shore 彼岸

Goethe 歌德
Gotama 乔达摩

Heaven 天，天界
Hell 地狱
Heraclitus 赫拉克利特
Higher will 更高意志
Himalay 喜马拉雅山，玉雪山
Hīnayāna 小乘佛教
Human law 人的法则
Hume 休谟

Iddhi 神通
Immediate data 直接给予物
Immortal 无死身，不死之境
Indra 因陀罗
Inner action 内在行动
Inner life 内在生命
Inner light 内在之光
Intuition 直觉

Jambū river 阎浮河
Jensenist 詹森主义者
Jesuit 耶稣会会士
Jesus 耶稣
Jivan-mukti 在世解脱

Kalingas 羯陵伽
Kant 康德
Karma 业
Kipling 吉卜林

Law 法
Lévi, Sylvain 西尔万·列维
Lotus of the Good Law《妙法莲华经》
Lust and ill-will and delusion 贪嗔痴

Maghavan 摩伽

Mahāyāna 大乘佛教
Mallikā 茉莉
Māra 天魔
Māyā 幻影
Mendicant 比丘
Milton 弥尔顿
Mona 静默
Monist 一元论者
Monk 比丘，僧，沙门
Muni 牟尼
Mystère de Jésus《耶稣之谜》

Naturalistic 自然主义的
Neo-Platonism 新柏拉图主义
New Testament 新约
Nikāyas 尼柯耶
Nirvāna 涅槃
Novalis 诺瓦利斯

Obscurantism 蒙昧主义
One and Many 一与多
Order 僧，僧伽，僧人，僧团
Other shore 彼岸
Outer authority 外在权威

Papini, Giovanni 吉奥瓦尼 · 帕皮尼
Parmenides 巴门尼德斯
Pascal 帕斯卡尔
Plotinus 普洛提诺
Precept 法，戒，戒律
Priesthood 沙门果，沙门之名分
Primitivism 原始主义
Private Buddhas 辟支佛
Pseudo-Dionysius 伪狄俄尼修斯
Psycho-analysts 精神分析者
Punjab 旁遮普

Renan 勒南
Right awareness 正念
Right meditation 正定
Robe 袈裟
Rousseau 卢梭

Sal tree 沙罗，沙罗树
Samana 沙门
Samkhya 数论
Sangha 僧众
Schopenhauer 叔本华
Sentimental movement 感伤主义运动
Seven elements of knowledge 七觉支
Sindhu horse 辛头马
Spinoza 斯宾诺莎
Stoicism 斯多亚主义

Supernatural virtue 超自然的德性
Sutta-Nipāta《经集》

Tagara 陀伽罗
Tathāgata 如来，如来佛
The Awakened 觉醒者
The Dhammapada《法句经》
The Road to Mandalay《通向曼德勒之路》
The Whole 整全
Tolstoy 托尔斯泰
Tonsure 剃度，削发
Truth 真理，真谛
Truths of inner life 内在生命的真理
Truths of the natural order 追求自然秩序的真理

Ultimate things 最高实体
Unity 统一性
Usīra 乌施罗草
Utilitarinism 功利主义

Vassiki 拔悉基，茉莉花
Vibharatanhā 无有爱
Vinaya 律藏

Whitman 惠特曼
Will to refrain 制约意志
Will to renounce 拒绝意志
World of the gods 天界

Yama 阎魔，阎罗
Yoga 瑜伽

译后记

接触白璧德先生的思想其实源于一个极为偶然的机缘。大学本科学习期间，我在北京师范大学张源教授的课上第一次听到了先生的名字，当下便产生一种似曾相识之感，随即开始搜集白氏著作，着手阅读。彼时我虽然学识有限，但在读到精彩论述时，仍不禁心中暗自激动，欢喜赞叹。在之后的求学、求知岁月中，每每重读白璧德新人文主义论著，其思想与精神都能给我莫大的启发与鼓舞。现在，时值《白璧德文集》出版之际，谨以这册小书向前辈人文主义者致敬。

本书由两部分组成。第一部分为先生从巴利文译出的《法句经》全文；第二部分为论文《佛陀与西方》。《佛陀与西方》乃近一个世纪前的旧作，但今天读来依然醒人神智（甚至仿佛就是为现时而作！），其批判精神与学术方法仍极具警醒与提示作用。在翻译的过程中，有两个问题特别引起我的注意：在现代语境下，我们应当以何种态度阐释与吸纳古典文化（无论是中国的还是异域的）；人文研究应如何从语文学角度进入思想史（抑或说，语文学研究与思想史如何互补互益）。前者关乎人文主义的根本发展方向，而后者则关乎我们对古典文化的体察深度。

白璧德先生说，佛陀的学说从本质上说是一种“道路”。诚哉斯言！如果人文研究者没有“深切著明”的行动，那么一切教说论述都将沦为“空言”，人文主义也将因此不复“人文”。白璧德先生对《法句经》的翻译与阐释正是要向读者宣示这一人文主义要旨。在此意义上，愿我们的翻译实践/行动也能得到会心读者的共鸣与响应。

最后，我要向以下师友致谢。感谢北京师范大学文学院张源教授，感谢她将我引入白璧德大师的精神世界，并给我这个机会践行生命的“迂回之路”（περίοδος）。感谢好友谢秉强先生多次耐心答疑。感谢香港科技大学黄东田博士为英译补足白话译文。

聂渡洛

2021年8月8日

图书在版编目(CIP)数据

法句经:译自巴利文并附论文《佛陀与西方》/
(美)欧文·白璧德著;聂渡洛,黄东田译.—北京:
商务印书馆,2022
（白璧德文集 ;第7卷）
ISBN 978-7-100-20959-5

Ⅰ.①法… Ⅱ.①欧… ②聂… ③黄… Ⅲ.①大乘—
佛经—译文 Ⅳ.① B942.1

中国版本图书馆 CIP 数据核字（2022）第 057481 号

权利保留，侵权必究。

白璧德文集
第7卷
法句经
译自巴利文并附论文《佛陀与西方》
聂渡洛　黄东田　译

商　务　印　书　馆　出　版
（北京王府井大街36号　邮政编码100710）
商　务　印　书　馆　发　行
上海雅昌艺术印刷有限公司印刷
ISBN　978-7-100-20959-5

2022年9月第1版　　开本 710×1000 1/16
2022年9月第1次印刷　　印张 17½

定价：128.00元